鄂尔多斯市博物院

THE YELLOW RIVER
FLOWS THROUGH
THE GRASSLAND

——

鄂尔多斯历史文化

ORDOS HISTORY AND CULTURE

——

鄂尔多斯市博物院　编著

Edited by the Ordos Museum

窦志斌　主编

文物出版社

图书在版编目（CIP）数据

黄河从草原上流过：鄂尔多斯历史文化 / 鄂尔多斯市博物院编；窦志斌主编. -- 北京：文物出版社，2024.3

ISBN 978-7-5010-8378-7

Ⅰ.①黄… Ⅱ.①鄂… ②窦… Ⅲ.①文化史—鄂尔多斯市 Ⅳ.①K292.63

中国国家版本馆CIP数据核字（2024）第044453号

黄河从草原上流过
——鄂尔多斯历史文化

编　　者　鄂尔多斯市博物院

主　　编　窦志斌

责任编辑　许海意

文物摄影　张　冰

责任印制　张道奇

出版发行　文物出版社

社　　址　北京市东城区东直门内北小街2号楼

邮　　编　100007

网　　址　http://www.wenwu.com

经　　销　新华书店

制版印刷　天津裕同印刷有限公司

开　　本　635mm×965mm　1/8

印　　张　51

版　　次　2024年3月第1版

印　　次　2024年3月第1次印刷

书　　号　ISBN 978-7-5010-8378-7

定　　价　580.00元

　　位于中国正北方的鄂尔多斯高原，其东、北、西三面为黄河环绕，南与陕西、宁夏接壤，并有明代长城横亘东西，故有"三面黄河一面墙"的谚语来总结鄂尔多斯的自然地理环境。特殊的地理环境和自然气候，造就了这里特有的生态多样性；400毫米等降水量线从这里穿过并上下浮动，使这里的农业经济与牧业经济，交错互补。在自然和经济双重因素影响下，这里很早便孕育出了独具特征的文明形态，成为多民族融合共生、文化交流互鉴的核心区域之一。

　　从史前时期开始，这里就有人类活动生息。早在10万至5万年前，鄂尔多斯南流黄河支流无定河畔，就有古人类繁衍生息，留下了享誉世界的"河套人"和"萨拉乌苏文化"。随着史前人类文明的演进，伴随距今6.5万至5万年的乌兰木伦遗址与距今3.5万至1.5万年的水洞沟遗址的发现和研究的日益深化，更揭示出这一时段东西方日益显著的文化交流，开启了此后农牧结合带细石器文化之先河。步入新石器时代和铜石并用时期，生息繁衍在黄河岸边的鄂尔多斯先民们，过着以原始农耕为主、兼有采集狩猎的生活。他们既与中原华夏民族同源共祖，也受到北上、南下、西来等周边地区多元文化的影响，创造出了具有地域特征的新石器时代文化。"鲁家坡类型""海生不浪文化""永兴店文化""大口一期文化"等众考古学文化的命名，彰显出多元文化汇聚与交融的时代魅力，也见证了中国北方古国性质的国家雏形与萌芽。

　　相当于中原龙山文化时期，面对着生态环境日益向干、冷方向的渐变，这里孕育出来的朱开沟文化呈现出原始农耕与家畜饲养并存的时代风貌，并率先拉开了以畜牧—游牧生业形态为主的北方民族历史活动的序幕。春秋战国时期，鄂尔多斯地区是半农半牧的"戎"和畜牧—游牧的"胡"的活动区域，在经济互补的促使下，农业人群与牧业人群的经济、文化交流互动逐渐加剧，民族交往交流日益频繁。这里成为荤粥、猃狁、土方、鬼方、林胡、楼烦等多民族交融汇聚的重要舞台。赵武灵王"胡服骑射"，秦昭襄王"平义渠""修长城"，这些军事活动将包括鄂尔多斯在内的内蒙古黄河流域纳入中原王朝疆域，很大程度上强化了中原王朝与边疆地区的政治文化联系，助推着中华民族多元一体格局的形成。总之，与中原地区一样，鄂尔多斯地区这一阶段的历史文化不仅为包容万象中华文化的初成做出独特贡献，也是多元一体中华民族更加密切交往交流与交融的先声。

　　秦始皇统一六国，奠定了中华大一统格局的雏形，农牧经济互补更加密不可分，各民族间的交往交流交融进程日益加快，不同文化间的交流互鉴渐成常态。秦汉以来，伴随着统一多民族政权的巩固与强化，中华民族历史进程中经历过三次民族大融合，最终促成了中华民族大一统格局的形成。作为历代王朝的北方边疆，鄂尔多斯地区一直是拱卫中原王朝的重要屏障，在促进中华民族多元一体发展进程中发挥了应有的作用，留下了许许多多民族交融、文化交流的历史典故。"蒙恬修直道""屯垦戍边""昭君出塞""文姬归汉""孝文帝改革""十二连城民族会盟""粟特与六胡州""榷场贸易""俺答封贡""茶马贸易""走西口""漫瀚调"等一大批反映民族交融的历史文化产生在这里，传颂、传承，融入中华民族的血脉，积淀为中华民族的集体记忆。这些深厚的历史积淀和文化滋养，为厚重多元的中华文明繁荣发展提供着源源不断的文化营养。

因此，鄂尔多斯历史文化无疑是以多民族共生共存、多元文化融合发展为主旋律的，其历史发展的轨迹与民族民俗文化的内涵也是多元一体中华民族古老文明的重要组成部分。

2023年6月，习近平总书记第四次考察内蒙古，为民族地区发展确立了工作主线、提出更高要求。他指出："铸牢中华民族共同体意识是新时代党的民族工作的主线，也是民族地区各项工作的主线。民族地区的经济建设、政治建设、文化建设、社会建设、生态文明建设和党的建设等都要紧紧围绕、毫不偏离这条主线。"为贯彻落实习近平总书记重要指示精神，打造内蒙古闪亮的"北疆文化"品牌，鄂尔多斯市文化和旅游局始终以铸牢中华民族共同体意识为主线，并将这一思想主线牢牢贯彻到各项工作中。

近年来，围绕铸牢中华民族共同体意识工作主线，鄂尔多斯市文化和旅游局积极探索、创新发展，开展了大量务实的工作实践，为全市文化旅游事业发展开创了新局。博物馆工作是鄂尔多斯市文旅事业的重要内容，担负着文化传播、社会服务、宣传教育等诸多社会功能，是各旗区耀眼的城市文化名片。截至2023年底，全市注册备案的博物馆共24家，其中国有博物馆17家，非国有博物馆7家。可以说，鄂尔多斯市博物馆数目众多，颇具规模，每个旗区均有分布。同时，随着社会经济和人们精神文化需求的逐渐提高，各旗区不断提升文博场馆的展陈水平，为鄂尔多斯打造"博物馆之城"提供了巨大支撑。然而，受限于诸多因素，鄂尔多斯市博物馆事业发展步履维艰，博物馆运营效果差强人意。为了让收藏在博物馆里的文物、陈列在广阔大地上的遗产、书写在古籍里的文字都活起来，丰富全社会历史文化滋养，2023年，鄂尔多斯市文化和旅游局下足力气，真抓实干，深入挖掘鄂尔多斯历史文化资源，连续打造了多个颇有影响的博物馆陈列展览，比如圆满完成鄂尔多斯革命历史博物馆布展及社会开放工作，联动乌审旗打造的红色文化小镇及其红色革命陈列，鄂尔多斯市博物院通史陈列改陈提升工作，鄂尔多斯市博物院连续策划引进的大型国宝文物展等。这些扎实的博物馆工作都是践行博物馆工作职责，铸牢中华民族共同体意识伟大精神的重要实践。从某种程度上讲，鄂尔多斯市文博展陈工作已经走在了内蒙古自治区的前列。

近年来，全市博物馆系统坚持以习近平新时代中国特色社会主义思想为指导，深入贯彻习近平总书记关于文化建设重要论述和重要指示批示精神，落实国家文物局和自治区党委、市委工作部署，深入推进新时代博物馆高质量发展和"博物馆之城"建设，助力打造"北疆文化"品牌，促进博物馆事业发展取得新的成效。

鄂尔多斯市博物院"黄河从草原上流过——鄂尔多斯历史文化"基本陈列改造提升是鄂尔多斯市委、市政府安排部属的重要文化工作。改陈工作2022年立项，2023年2月正式启动，9月27日正式向社会开放，这是鄂尔多斯市文博事业中的一件大事。提升后的通史陈列，紧紧围绕铸牢中华民族共同体意识主线，以多民族交往交流交融历史为基本遵循，聚焦鄂尔多斯深厚的历史文化，深刻挖掘其中蕴含的多民族交融、多元文化交流互鉴的文化因素，力求通过丰富多样的展品和创新的展陈手法，向观众展示鄂尔多斯地区的独特魅力。本次展陈汇集了大量珍贵文物和文献资料，通过现代科技手段和艺术手法，让观众能够身临其境地感受鄂尔多斯的历史风貌。在"物"与"人"的关系处理上，以人为中心，侧重人的感受和体验，打造良好的观众参展和互动体验，通过讲解、教育活动和数字导览等方式，激发人们产生文化感悟。

"黄河从草原上流过——鄂尔多斯历史文化"展览分3个展厅，展陈面积7300余平方米，展出4000余件（套）文物，其中一级文物71件，二级文物201件，三级文物455件。展览分"多元文化的萌生（史前至夏商周时期）""中原王朝的经略（秦汉至隋唐时期）""多民族大家庭的巩固（宋元至明清时期）"三大部分，集中展示了位于黄河环抱、农牧交错地带的鄂尔多斯高原历史文化，完美诠释了鄂尔多斯作为人类生息繁衍沃土与文明孕育之地的物产丰富、人杰地灵和历史悠久。

展览生动展示了各民族在鄂尔多斯这片热土不断交往交流交融，共同开拓辽阔疆域、共同书写悠久历史、共同创造灿烂文化、共同培育伟大精神的伟大史实，系统阐述了鄂尔多斯自古以来就与源远流长的中华文明同源共祖的历史文化内涵。民族的交往、融合与文化的碰撞、交流成为这一区域的常态，共同为传承永续的中华文明输送源源不断的新鲜血液，提供着丰厚的文化滋养。

当前，文化事业和旅游业的蓬勃发展，为我们带来了新的机遇和新的挑战。这要求我们以更加开放的姿态、更加务实的作风，秉持创新精神，倾听民意，深入挖掘鄂尔多斯深厚的历史文化资源，推动传统文化与现代旅游融合。"黄河从草原上流过——鄂尔多斯历史文化陈列"一经推出，便受到社会各界的普遍关注和赞誉，它的成功实践正是鄂尔多斯文旅事业迈出的重要一步。最后，真诚希望"黄河从草原上流过——鄂尔多斯历史文化"基本陈列能够成为我们打开了解鄂尔多斯历史文化的大门，让一块青铜或是几件瓷器，为更广大的人民群众更好品味、感悟鄂尔多斯的历史，撑起一片文化天地，为中国式现代化建设的伟大实践注入强大的文明滋养和精神力量。

鄂尔多斯市文化和旅游局党组书记、局长　李芸

鄂尔多斯自古以来就是多民族交往交融、文化交流融汇的重要地区，特殊的地理区位，加之适宜的自然环境，使鄂尔多斯这片广阔热土很早即成为人类繁衍生息的重要舞台，自然这里也留下了大量的历史文化遗产。这些珍贵的文化遗产，是各民族交往融通的历史凝结，是铸牢中华民族共同体意识的重要实证，是当前坚定文化自信的重要载体，具有强大的影响力和感召力。

习近平总书记强调："要把铸牢中华民族共同体意识的工作要求贯彻落实到全区历史文化宣传教育、公共文化设施建设、城市标志性建筑建设、旅游景观陈列等相关方面，正确处理中华文化和本民族文化的关系，为铸牢中华民族共同体意识夯实思想文化基础。"这就要求文化遗产工作必须在打造共同文化符号，文化建设、旅游景观以及宣传平台等方面"下功夫"，从而实现以文化遗产打造文化符号，增强文化自觉、文化自信的目的。

（一）黄河文化为铸牢中华民族共同体意识打下文化根基

黄河是中华文明的母亲河。黄河文化是中华文明的根和魂。黄河文化最能支撑中华民族共同体意识的构建，这一点是毋庸置疑的。鄂尔多斯地区的黄河文化是中华文明的重要组成部分，代表着强烈的文化内涵和文化底色。鄂尔多斯的黄河文化植根在丰沛的黄河干支流水系，不断从黄河水系中汲取养分，孕育出早期文化群体的定居交汇。原始农业产生后，来自中原原始农业群体与北方原始人群、红山文化群体、太行山农业群体等交汇交融，首先实现了不同居民群体的交错融通，更从精神文化层面实现了文化交融一体，产生了同一分布地区，代表相同文化特征的原始农业文化，也就是考古学所说的考古学文化。同一文化群体下的文化认同逐渐形成并发展起来。在一统思想的主导下，鄂尔多斯黄河流域纳入到中原大一统王朝治理之内，受黄河水滋养的原始农业文化逐渐转变成为日渐成熟的深耕农业文化，无论是秦汉时期军垦实边，还是隋唐时期受降内附，抑或是明清时期的农业垦荒，这些都得益于鄂尔多斯及其周边黄河水的滋养，始终没有离开黄河深厚的农业根基，各民族间的文化认同更是得到进一步加深，并最终渐成一体。历史时期，我国实现了三次民族大融合、大发展，奠定了中华民族共同体的基本格局，这些民族大融合、大发展始终没有离开黄河农业的物质基础，也始终没有离开过黄河水的灌溉与涵养。因此，在鄂尔多斯728公里的黄河水域下形成的黄河文化完全构筑起了鄂尔多斯地区铸牢中华民族共同体意识的文化根基。黄河文化是鄂尔多斯的典型文化符号，当之无愧。

（二）鄂尔多斯青铜文化为铸牢中华民族共同体意识凝聚重要见证

鄂尔多斯青铜文化是以鄂尔多斯地域命名的文化形态。以鄂尔多斯为名凝练起典型的青铜文化形态，足见这一文化的典型性。鄂尔多斯青铜文化代表着鄂尔多斯地区最为典型、分布最为集中的物质遗存，是早期游牧民族与农业民族碰撞交融的重要见证。鄂尔多斯青铜文化尽管主体文化代表的早期活动在鄂尔多斯广阔地区的游牧经济群体，但在文化塑造过程中始终没有离开过来自中原农耕文明的影响，特别是在牧业经济与农业经济彼此依赖的经济拉力下，使文化间的交流互鉴必不可少、密不可分。在许多鄂尔多斯青铜文化遗存中始终可以找到来自不同文化因素凝结的痕迹，无论是商代早期朱开沟文化青铜造型，还是春秋战国时期桃红巴拉文化的纹饰文字，都鲜明地蕴含有中原农耕文化与北方游牧文化的交融文化因子。尤其是身处欧亚大陆草原枢纽的鄂尔多斯地区，东方文化神韵与西方文化奔放都凝结在了独具特征的鄂尔多斯青铜器之中，构筑成了一件件融含蓄内敛与奔放怪异于一身的青铜文化"饰卡"。透过这些小巧而写实的鄂尔多斯青铜文化制品，窥见的是不同民族的交流交融的历史进程，投射出的是多元文化交流互鉴的终成一体。以鄂尔多斯青铜文化遗存为典型，打造鄂尔多斯典型而影响深远的文化品牌和文化符号，名副其实，恰得其所。

（三）长城文化为铸牢中华民族共同体意识带来牢固纽带

鄂尔多斯长城文化是伴随着境内长城或边墙的修筑而逐渐形成的文化形态。某种意义上来说，长城文化就是以长城为纽带而联系起来的农牧交错交融文化。与黄河文化起源相类似，鄂尔多斯长城文化是伴随着原始社会私有制的产生而起源的，氏族、聚落、酋邦、方国、国家等社会形态演进中长城文化的内涵愈加丰富。农业经济与游牧经济分离后，首先表现的是农业民族与游牧民族的冲突对抗，随之广泛意义上的长城出现并逐渐成为两个群体交流的特殊媒介。但与长城的设置初衷相悖的是，长城的设置始终没有阻挡住中原农耕民族与北方游牧民族交流交往的脚步，反而客观上成为不同民族进行经贸往来的纽带。这些完全促成了多民族特别是长城两边民族交流互进的实现。原始农业时期，各聚落间的石筑隔墙没有阻碍住不同农业群体的文化交流，历史时期的"秦汉长城""北朝隋墙""金界壕""明蒙跑马边墙"等等，也都没有阻挡住游牧民族与农耕民族交流交融的进程，转而演变成为长城两边多民族通过"边关互市""互市贸易"实现民族交往交流交融，促成了包括"胡服骑射""昭君出塞""文姬归汉""孝文帝改革"等在内的长城文化内涵。鄂尔多斯长城文化不仅起源早，而且绵续时间甚长，最为重要的是其文化内涵独具区域文化特征，具有鲜明特征的鄂尔多斯地域文化标识，有些甚至构筑了鄂尔多斯独树一帜的文化符号。鄂尔多斯长城文化凝结了长城两边各民族文化的互鉴互融成果，书写着各民族交往交流交融的辉煌历史，为铸牢中华民族共同体意识带来了牢固的交融纽带。

黄河文化、鄂尔多斯青铜文化、长城文化，具有重要的交流、凝聚与整合功能。要充分利用这三个文化的巨大优势，用文物承载的丰富文化内涵，充分发挥文化遗产的特殊作用，用文物实体展示各民族交往交流交融的历史，领略多元一体中华文明的流光溢彩，为铸牢中华民族共同体意识做出更大的贡献。

鄂尔多斯市博物院秉承"两个文化（"黄河文化""长城文化"）、"三个品牌"（"鄂尔多斯青铜器""鄂尔多斯历代壁画""红色革命文化"）"发展理念，正昂首阔步，迈上新时代发展征程，努力建设成为鄂尔多斯地区弘扬人类文明和对外文化交流的重要窗口。

鄂尔多斯市博物院是鄂尔多斯历史文化的重要讲述者，是展示、弘扬、传播鄂尔多斯优秀文化的重要平台，更是践行铸牢中华民族共同体意识的重要阵地。近年来，鄂尔多斯市博物院将铸牢中华民族共同体意识思想主线贯穿于各项工作中，以民族交往交流交融为切入点，围绕博物院丰富的文物藏品和优质的社会服务，把优秀的中华文化和铸牢工作送到全社会，送到百姓中。

鄂尔多斯市博物院打造推出的大型优秀展览"黄河从草原上流过——鄂尔多斯历史文化陈列"就是积极践行铸牢中华民族共同体意识的重要实践，陈列紧紧围绕黄河、草原、历史、文化这些核心主题，通过考古学、历史学、人类学、民俗学、语言学以及生态环境科学等多学科的学术研究成果，以通史陈列展陈提升改造为契机，集中展示鄂尔多斯悠久而灿烂的古代历史文化，讲好民族交往交流交融携手铸牢中华民族共同体的历史故事，在黄河的涛声中不断铸牢我们的文化自信。

作为鄂尔多斯市博物院的基本陈列，"黄河从草原上流过——鄂尔多斯历史文化陈列"以考古发现和史料记载的鄂尔多斯为核心区域，旨在通过博物馆特有的展览语言，系统呈现鄂尔多斯历史文化形成与发展的真实路径，诠释中华民族的交往交流交融，展现中华文明的源远流长、博大精深、包罗万象。我们衷心希望通过本展览，呈现全面而真实的鄂尔多斯历史文化风貌，坚定文化自信，铸牢中华民族共同体意识，为新时代全方位建设模范自治区、为中华民族伟大复兴做出新的更大贡献！同时，也邀请广大观众来到鄂尔多斯市博物院参观"黄河从草原上流过——鄂尔多斯历史文化展"。

鄂尔多斯市博物院院长　窦志斌

激荡在鄂尔多斯市博物院的时代凯歌

党的十八大以来，以习近平同志为总书记的党中央以及国务院各相关部门，高度重视文化传承发展、文化遗产保护等工作，先后召开多次会议，出台多项政策，在新的起点上继续推动文化繁荣、建设文化强国、建设中华民族现代文明。为积极响应党中央、国务院的号召，在习近平新时代中国特色社会主义思想指引下，在国家文物局，内蒙古自治区文化和旅游厅、文物局的亲切关怀与精心指导下，在鄂尔多斯市委、市政府的战略部署与大力支持下，鄂尔多斯市文化和旅游局、市政府代建中心等单位联合鄂尔多斯市博物院，在时间紧、任务重的情况下，克服困难、大胆创新，坚持学术引领、技术支撑、艺术呈现，在国庆七十四周年之际，重磅推出"黄河从草原上流过——鄂尔多斯历史文化陈列"，奏响时代凯歌，唱响中国旋律，回报社会，献礼国庆。

鄂尔多斯，中国北方耀眼的明珠，历史悠久、美丽富饶，自古以来，鄂尔多斯草原就被黄河"几"字弯紧紧怀抱，夏商之际，欧亚草原的金属之路先于丝绸之路凿空东西，秦汉以降，绵绵长城又横亘其南部。400毫米等降水量线和胡焕庸线从这里穿过，农耕经济和游牧经济在这里交错，农耕经济背景下的中原王朝与游牧经济背景下的北方部族在这里碰撞、交融，黄河文化、草原文化、长城文化在这里交汇，多个时代的草原丝绸之路从这里经过，历代各个民族在这里交往交流交融。因此，鄂尔多斯高原成为黄河文化、草原文化、农耕文化、游牧文化、长城文化、丝路文化等多元文化交汇、融合的代表性地区，成为历代以来各民族交往交流交融的典型地区。"黄河从草原上流过——鄂尔多斯历史文化陈列"力求通过有限的展陈空间，依托展品，借助丰富的展陈手段，穿越古今，向观众展示一幅时空立体画卷，普及鄂尔多斯的历史文化，弘扬前沿先进的科学理念，传播丰富理性的精神思想。

 ## 学术引领·普及历史文化

博物馆是为社会服务的非营利性常设机构，它研究、收藏、保护、阐释和展示物质与非物质遗产。这是2022年8月国际博物馆协会（ICOM）最新公布的博物馆定义，再次强调研究基础上的阐释和展示工作。因此，"黄河从草原上流过——鄂尔多斯历史文化陈列"高度重视展品等基础材料的研究，多次组织专家召开不同主题的学术研讨会，充分挖掘展品所蕴含的历史、文化、科学、艺术价值。

无论是河套人头盖骨、朱开沟中华第一铜剑、鄂尔多斯青铜器、鹰顶金冠、西沟畔金凤冠等社会各界耳熟能详的精品文物，还是阳湾遗址、寨子圪旦石城址、牡丹纹黑釉剔花瓷瓶等近来逐渐引起学术界关注的遗存，都成为学术研讨的焦点。研究表明，距今10万～5万年，鄂尔多斯地区最早的古人类——"河套人"就生活

在萨拉乌苏河畔；距今6.5万～5万年康巴什区的乌兰木伦遗址，以大量的石器制品以及古生物化石，揭示了鄂尔多斯地区史前时期的环境与文化。相当于新石器时代仰韶文化阶段的阳湾遗址，以其聚落布局体现的社会结构以及遗物特征体现的多元文化，显示其已经处在以血缘关系为纽带的社会发展阶段，是文明社会的前夜；而在新石器时代龙山文化阶段，黄河两岸出现了包括准格尔旗大宽滩遗址、神木石峁遗址、清水河后城咀遗址、兴县碧村遗址等大量石城址，这些城址规模宏大，结构完备，功能齐全，遗物丰富，体现了这些遗址处在以地域关系为纽带的社会发展阶段，是国家形成的前奏。而相对稍晚一个阶段的朱开沟文化，则向我们展示了农牧兼营的经济形态以及早期冶金技术的发展水平，为后来鄂尔多斯青铜器的兴盛以及欧亚草原金属之路的交流奠定了雄厚的经济基础以及完善的技术储备。鄂尔多斯青铜器虽是欧亚草原青铜文化的重要组成部分，但受以黄河为代表的大河文明影响，东周以来与中原地区交往也更加密切，鄂尔多斯地区很快成为秦汉版图的重要组成部分，汉墓壁画中也反映了当时宜耕宜牧的经济形态以及多元融合的文化景观。正是由于特殊的地理位置以及农牧交融的历史背景，鄂尔多斯地区成为中原王朝与北方部族的交流舞台，一直到隋唐至宋元时期，这里都是各民族交往、多文化融合的前沿阵地，而明清时期的"走西口"，更加深了与晋陕地区的贸易往来与人员流动，并积极执行会盟制度，各盟旗紧密团结，一起捍卫和平统一的胜利局面。

鄂尔多斯的历史连绵不断，鄂尔多斯的文化深厚广博。将这些学术研究成果，及时通过展品陈列，用更加通俗易懂的方式，展示给观众。让观众从黄河、草原这些自然地理信息出发，了解鄂尔多斯地区文化形成、文明起源以及国家出现的历史过程，了解鄂尔多斯地区在中华文化、中华民族、中国国家形成过程中的重要作用与深刻影响，进一步坚定文化自信，在文化传承发展中建设中华民族现代文明，在文明交流互鉴中推进中华民族现代文明，动员和团结各族人民，共同建设社会主义文化强国。

学术引领基础上的历史文化知识普及，注重多样性、层次性与可及性，让不同地区、民族、年龄层次、文化背景的观众都能在观展过程中有效接受到展览顶层设计人员传达的信息，甚至我们还考虑到感知功能障碍人士的观展需求，通过更加完善的展陈方式，让观众了解鄂尔多斯地区的历史文化信息。"可及性"评价的是公共服务与服务对象之间的"适合度"，整个展览力求在学术研究成果的基础上，更加满足不同知识与文化背景的观众在博物馆获得体验感与满足感。

鉴于展品在展陈中的重要作用，"黄河从草原上流过——鄂尔多斯历史文化陈列"在向观众普及历史文化的过程中，特别注重展品蕴含历史文化信息的释放。出土于伊金霍洛旗红庆河的"上郡守寿"铜戈，根据其铭文信息我们可以了解到这件铜戈是相当于秦惠文王至秦昭襄王时期的战国中晚期，在秦上郡由一名为"寿"的监制官监制下完成的，这位监制官很有可能就是秦国大将向寿。这样重要的历史文化信息，就是展陈中向观众普及的重点，并由此引导观众判断，秦统一进程中鄂尔多斯地区的历史文化面貌与社会性质，完成学术研究成果的社会普及。

科技是第一生产力，在当今信息化、数字化以及智能化的时代背景下，博物馆作为重要的社会服务及科学普及机构，以"智慧博物馆"建设为抓手，更要重视各项业务工作的技术支撑。鄂尔多斯市博物院率先在内蒙古地区开展文物数字化工作，经过多年的建设与迭代更新，基本可以满足现代化展陈的需要。

在文物数字化工作基础上，"黄河从草原上流过——鄂尔多斯历史文化陈列"勇于创新，敢于实践，在展览陈列、宣教服务等业务方面，联合技术团队，以需求为导向，以问题为目标，加大技术投入，组织技术攻关，不断提升展陈水平与服务质量。半地穴房址是新石器时代常见的居住形态，尽管相关研究已经非常深入，但普通观众还是很难理解残存遗迹与历史真实之间的差距，很多博物馆也为此进行过各种尝试，效果良莠不齐。鄂尔多斯市博物院在这类遗存展示过程中，除了常规的图片展示、复原展示之外，还利用现代科学技术，依据遗存实际情况，对房址进行了数字复原与展示，观众可以通过小视频清楚观察到新石器时代先民从房屋选址到废弃的整个过程，对照相关陈列信息，完整了解史前居民生活的生动画面。而对于秦直道这样重要却相对单调的历史文化遗迹，展览中除了地图展示、保存现状图片展示之外，还利用VR虚拟现实技术，让观众坐在模拟的马背上面，真实体验2000多年前的"高速公路"，在尘土飞扬与马蹄踢踏中感受多民族统一国家的伟大与自豪。

非物质文化遗产也是博物馆重要的展示对象，然而非物质文化遗产很难单纯地采用陈列的方式进行展示。作为明清时期蒙汉杂居、农牧兼营背景下出现的蒙古族短调民歌与汉族晋陕民歌混搭而成的"漫瀚调"，本次陈列除了常规的乐器介绍、乐谱陈列等手段外，还采用视听展示手段，观众可以通过电子触摸屏，直接选取自己喜欢的曲目视听，而这种科技展陈手段，则通过视觉、听觉等多种感知途径，让观众了解了这种朴实舒展但意义重大的非物质文化遗产。

随着博物馆事业的发展，观展的升温，博物馆的讲解服务显得捉襟见肘，遇上黄金周、暑期、春节的节假日，讲解工作者们超负荷工作都很难满足观众的观展需求。针对这种现实问题，鄂尔多斯市博物院联合多家科研单位，在市面普通平移机器人的基础上，通过科技研发，将其量身打造为能够满足博物馆讲解工作的宣教"同事"。在预设的讲解路径中，通过节点控制、方向控制等手段，给机器赋予人的品质，可以很好地引导观众观展。更为人性化的亮点，是研发人员预先录制讲解员、专家、儿童等的声音，建立声波模型库，将浩瀚的讲解内容储存到机器人中，观众可以根据自己的喜好，选择不同风格的讲解员，通过拟合声音的效果为自己讲解。而机器人导览员还具备不知疲倦、口误为零、情绪稳定等特点，在一定程度上缓解了讲解工作的紧张与压力。

科技没有国界，更没有学科的界限。"黄河从草原上流过——鄂尔多斯历史文化陈列"紧紧围绕博物馆业务的需求，积极了解最新的科技进展，加大博物馆业务工作的科技含量，支撑博物馆工作的开展与发展。

艺术呈现·传播精神思想

科学没有国界，艺术也没有国界，任何美好的事物都是相通的，人们会用不同的思维去欣赏不同的美。鄂尔多斯市博物院将蕴含历史、文化、科技、艺术信息的展品，通过学术研究进行知识普及，而这个普及的过程，除了必要的技术支撑，还需要多样的艺术呈现，以满足不同观众的观展体验。

"黄河从草原上流过——鄂尔多斯历史文化陈列"的艺术设计之美体现在方方面面。作为展览主题元素的黄河和草原，无论是在旧石器时代萨拉乌苏古动物群的复原展示还是体现明蒙朝贡贸易的马市，都是一望无际、蓝天白云的风格，在这样宏大场景的设计背景下，历史的涓涓细流便转化为展陈的娓娓道来。

当然，展览元素的设计还体现在更多细节方面。仅仅是作为辅助讲解的导览机器人，工作人员还给她添加了"花边小裙子"，这个花边也是经过精心设计的。在主色调的选择上，采用了契合展览主题的绿色，既是草原的本色，也是遍布欧亚草原的鄂尔多斯青铜器的基本色调。而形态设计上则将传统的柿蒂纹和蝙蝠纹巧妙地结合起来，寓意"事（柿）事如意、福（蝠）运连连"。机器人导览员还佩戴着和讲解员一样的工牌，连续的编号，这些细微的设计，使机器更像人，更具有亲和力。

除了平面设计和空间设计之外，交互设计也是整个展览的亮点。为了增进观众对文化遗产的了解，激发观众对文化遗产的热爱，很多展区都设置了交互体验展台。旧石器时代展区内有"石器辨认""功能分析""相关物品"等测试性互动体验，新石器时代展区内有石城址三维展示，观众可以根据自己的需求，通过触摸屏了解不同石城址的规模、结构、布局等等。"文姬归汉"是当时汉匈交往的重要印证，蔡文姬嫁给南匈奴左贤王十二年，曹魏政权建立后，将其赎回中原，而她创作的《胡笳十八拍》，则是中国音乐史上的名篇。展览中设计了独立的空间用音频、视频的方式，再现文姬归汉的佳话，观众可以根据自己喜好选听《胡笳十八拍》片段。

整个展览用统一的顶层逻辑设计，不断向观众传播中华民族多元一体的形成过程，展现中华民族团结奋斗的传统精神，同时，也多层次地再现了不同文化背景和历史渊源的居民在鄂尔多斯地区开放自由、多元包容、融合共生的生活场景，向观众传播一种积极的思想和理念。

除了展示环节，艺术呈现还贯穿于整个展览的阐释环节。鄂尔多斯青铜器的特征是大量写实的动物纹题材，同时另一个特征是整体器形相对小型化。在展示这些通长5厘米左右的青铜鸟形饰时，特意从动物写实的阐释角度出发，将30多只同类展品，整体摆出一个飞鸟的

造型，既是一种展示手段，更是一种特殊的阐释途径。类似的展陈、阐释手段还用在了同样体型较小的青铜镞、青铜带扣等展品上，展示的同时，着重对展品的功能用途进行展示。而在沙日塔拉遗址出土玉琮的展示过程中，将其周围环绕小型玉片，通过艺术呈现的方式阐释玉琮这种沟通天地的重要礼器的功能与价值。

总的来讲，鄂尔多斯市博物院的"黄河从草原上流过——鄂尔多斯历史文化陈列"紧紧围绕黄河、草原、历史、文化、共生这些核心主题，共用4000多件（套）文物，其中珍贵文物727件，辅之文字、图版、场景、多媒体、互动体验设施等多种展陈方式，吸收利用考古学、历史学、人类学、民俗学、语言学以及生态环境科学等多学科的学术研究成果，以数字技术为底层基础，结合影像复原、虚拟现实、声音拟合、深度学习等科技手段，在阐释和展示两个环节充分利用多种艺术呈现形式，集中展示鄂尔多斯悠久而灿烂的古代历史文化。

习近平总书记在参加中共中央政治局第二十三次集体学习时指出：我们要加强考古工作和历史研究，让收藏在博物馆里的文物、陈列在广阔大地上的遗产、书写在古籍里的文字都活起来，丰富全社会历史文化滋养。他还强调：在历史长河中，中华民族形成了伟大民族精神和优秀传统文化，这是中华民族生生不息、长盛不衰的文化基因，也是实现中华民族伟大复兴的精神力量，要结合新的实际发扬光大。

总书记的讲话就是新时代的号角，鄂尔多斯市博物院结合实际情况，以通史陈列展陈提升改造为契机，牢牢铭记党和人民的嘱托，紧紧把握时代发展脉搏，在新征程取得新胜利，在新时代高奏新凯歌！

鄂尔多斯市博物院院长　窦志斌

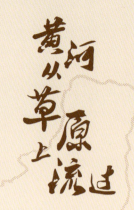

黄河从草原上流过

THE YELLOW RIVER
FLOWS THROUGH
THE GRASSLAND

鄂尔多斯历史文化

ORDOS HISTORY AND CULTURE

目　录

前　言

/ 019

后　记

/ 403

第一章

多元文化的萌生之地

（史前至夏商周时期）

第一节　灿若星辰的史前文化

（旧石器时代至新石器时代）

/ 022

第二节　北方青铜文化的孕育

（夏商周时期）

/ 060

第二章
中原王朝的经略区域
（秦汉至隋唐时期）

第一节　交流交融的纽带

（秦汉时期）

/ 174

第二节　融合发展的沃土

（魏晋至隋唐时期）

/ 230

第三章
多民族大家庭的巩固
（宋元至明清时期）

第一节　朝代的更迭兴替

（宋元时期）

/ 284

第二节　河套区域的再开发

（明清时期）

/ 344

THE YELLOW RIVER
THE GRASSLAND
鄂尔多斯历史文化

▼ 鄂尔多斯地理区位图 "三面黄河一面墙"

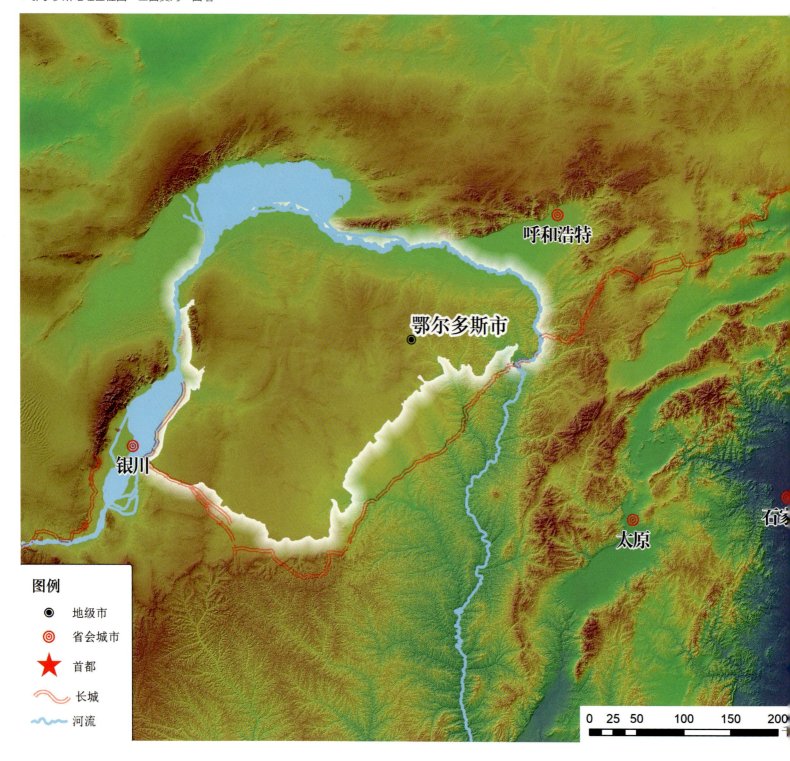

呼和浩特

鄂尔多斯市

银川

石家

太原

图例

◉ 地级市

◎ 省会城市

★ 首都

〰 长城

〰 河流

0 25 50   100   150   200

　　绵延万里、奔流不息的中华民族母亲河，从西、北、东三面流经鄂尔多斯高原，形成一个黄河环抱的"几"字弯。在"几"字弯的顶端，就是黄河上游与中游的交界点。与世界其他大河文明一样，黄河"几"字弯区域，也是古代人类文明的富集区域。

　　鄂尔多斯高原自古以来就是人类繁衍的沃土和文明的孕育之地，在蛮荒蒙昧的远古时期，这里就诞生过考古学上著名的河套人与萨拉乌苏文化。进入满天星斗的文明时代，这里又成为中原民族与北方民族交往、交流与交融的前沿阵地。黄河岸边的石城遗迹、数以万计的游牧人岩画、闻名天下的鄂尔多斯青铜器都源自于此；战国、秦汉时期的长城障塞、郡县属国，隋唐时期的受降区域、羁縻府州，都与这一区域息息相关；而赵武灵王"胡服骑射"、花木兰替父从军、昭君出塞、文姬归汉等传颂千古的历史故事，也都发生在这片神奇的土地上。她们共同印证了中华文化的包容性特征，那就是：以农耕而闻名的黄河文化，在经历了对草原文化的涤荡后，焕发出了更加旺盛的生命活力。她们都诠释出中华文明形成的主要途径，那就是：民族的交往、融合与文化的碰撞、交流，共同为传承不辍的中华文明输送着源源不断的新鲜血液、提供着丰厚的文化滋养。

　　《黄河从草原上流过——鄂尔多斯历史文化》是同名展览的成果凝结。图录以历史文化发展为主线，集文化遗产精华，从揭示历史演进与文化内涵的视角出发，全面梳理、系统呈现鄂尔多斯所在的黄河"几"字弯区域古代先民的伟大创造与地域文明的流光溢彩。在中国共产党第二个百年奋斗目标扬帆启程的新时代里，让我们凝聚起昂扬向上的民族气概，坚定民族自信与文化自觉，铸牢中华民族共同体意识，为保护、传承和弘扬北疆文化，为实现中华民族伟大复兴的中国梦而团结一心、不懈奋进。

第一章
多元文化的萌生之地
（史前至夏商周时期）

　　从旧石器时代中期开始，鄂尔多斯地区就有人类生息繁衍。考古发现的萨拉乌苏遗址、乌兰木伦遗址以及水洞沟遗址等，接续不断地呈现出鲜明的文化特征与环境风貌。到新石器时代，这里不仅有中原仰韶文化相关类型的存在，更有与东北红山文化交融而成就的地域文化。此外，黄河岸边农耕与渔猎共存的永兴店文化等，彰显出地域文明的多姿多彩。进入夏商以来，农牧共生的朱开沟文化，更是开启了鄂尔多斯青铜文化的先河。时代的更迭，民族的交融，文明的互鉴，使得这里形成了多种文化交叉并存、共生共融的早期黄河文化风貌，为中华民族古老文明的形成与发展奉献着自身的力量。

灿若星辰的史前文化
（旧石器时代至新石器时代）

从20世纪20年代迄今一百年的时间里，考古工作者在黄河河套区域范围内，先后发现了数处晚更新世时期的人类活动遗迹和遗物。时代距今10万年到5万年，在此成就了"河套人""萨拉乌苏文化""萨拉乌苏动物群""乌兰木伦遗址""水洞沟遗址"等文化与学术称谓。进入新石器时代，这里发现的文化遗址更是数量众多，特色鲜明。如受到中原仰韶文化不同类型影响的新石器文化，与红山文化等碰撞、交融而成就的海生不浪文化。在相当于中原龙山文化时期，这里还出现了老虎山—永兴店等区域文化，呈现出原始农耕向农牧结合嬗变的文化特征。

▲ 萨拉乌苏遗址、乌兰木伦遗址、水洞沟遗址分布示意图

▲ 表现萨拉乌苏遗址、乌兰木伦遗址、水洞沟遗址的油画长卷（展厅场景）

一 | 文化交流的萌发（旧石器时代）

　　在鄂尔多斯地区及临近区域内发现的旧石器时代文化，最早的当属旧石器时代中晚期的河套人和萨拉乌苏文化，这也是中国境内最早发现的旧石器时代人类文化遗存。乌兰木伦遗址中出土的盘状器、带铤石镞等为数众多的石器，也呈现出多元文化影响的痕迹。水洞沟遗址中出土的石器，则被学术界认定为"明显受到外来文化的影响，是文化交流的重要证据"。上述时代彼此接续的文化遗存，不仅为我们勾勒出旧石器时代中期以来鄂尔多斯地区古人类的生存环境与文化风貌，也反映出史前时期这里已然萌发的文化交流。

一 萨拉乌苏遗址

　　1922年，法国古生物学家桑志华在萨拉乌苏河畔的台地上发现了一颗儿童的门齿与股骨化石，以及打制的石器、人工击打的动物骨骼与少量炭屑等遗物遗迹。加拿大学者步达生将这枚牙齿命名为 the Ordos Tooth，并由此产生了河套人与萨拉乌苏文化的命名。此后，中国学者又进行了数次调查、发掘，出土了属于旧石器时代中晚期、距今约10万～5万年的古人类文化遗存。与此同时，在地层中还出土了45种以上的各类动物化石，这就是古生物学界影响深远的萨拉乌苏动物群。

▲ 鄂尔多斯东部丘陵地貌

▲ 萨拉乌苏遗址

❧ 打制石器

旧石器时代中期（距今 10 万 ~ 5 万年）
鄂尔多斯市乌审旗萨拉乌苏大沟湾遗址出土
鄂尔多斯市博物院藏

这些石器包括刮削器、鸟喙状刮削器、石片工具
等，石器细小，文化面貌属于小石器工业。它们是
"河套人"生产生活的重要工具。

❧ 尖状器

旧石器时代中期（距今 10 万 ~ 5 万年）
鄂尔多斯市乌审旗萨拉乌苏遗址出土
中国科学院古脊椎动物与古人类研究所提供

石片加工制成，由两侧加工形成尖刃，背面形成三
条交汇的脊线。

➤ 锯齿刃器

旧石器时代中期（距今 10 万～5 万年）
鄂尔多斯市乌审旗萨拉乌苏遗址出土
中国科学院古脊椎动物与古人类研究所提供

石英岩。片状毛坯，由劈裂面向背面加工，修疤密
集，呈鱼鳞状。一侧留有锯齿状的刃。

➤ 刮削器

旧石器时代中期（距今 10 万～5 万年）
鄂尔多斯市乌审旗萨拉乌苏遗址出土
中国科学院古脊椎动物与古人类研究所提供

石英岩。片状毛坯，正向加工，利用远端弧度形成
凸刃，为切割、刮削的重要部位。

➤ 凹缺器

旧石器时代中期（距今 10 万～5 万年）
鄂尔多斯市乌审旗萨拉乌苏遗址出土
中国科学院古脊椎动物与古人类研究所提供

石英岩。片状毛坯，大部保留原始石面，把较薄一
端加工成凹缺形的刃口。凹缺是刮取动物油脂和木
料皮纤维的有效工具。

❧ "河套人"股骨化石

旧石器时代中期（距今10万~5万年）
鄂尔多斯市乌审旗萨拉乌苏遗址出土
鄂尔多斯市博物院藏

股骨化石是萨拉乌苏遗址出土的河套人人骨遗存，此件为复制品。20世纪40年代，考古学家裴文中先生首先使用了"河套人"术语。共出土23件人骨化石，此河套人股骨化石就是其中之一。河套人据体质特征属晚期智人阶段。

❧ 河套人头盖骨

旧石器时代中期（距今10万~5万年）
鄂尔多斯市乌审旗萨拉乌苏大沟湾遗址出土
鄂尔多斯市博物院藏

1922年萨拉乌苏遗址被发现后，国内外专家进行了百余年的科学考察和考古工作。这件头盖骨是古人类的顶骨残存，是国内考古学家1984年在大沟湾遗址采集的。根据年代测定，应属于萨拉乌苏遗址河套人的遗存。

❧ 披毛犀化石

—

旧石器时代中期（距今 10 万 ~ 5 万年）
鄂尔多斯市乌审旗萨拉乌苏遗址出土
鄂尔多斯市博物院藏

—

披毛犀，又名长毛犀牛，是一种已灭绝的犀牛，为蹄目犀科双角犀亚科腔齿犀属，因全身披满厚厚的皮而得名。披毛犀生存于更新世时期的欧亚大陆，分布地域广、延续时间长。

披毛犀化石是目前萨拉乌苏遗址出土的最为最为完整的动物化石。其出土对研究第四纪古环境、古气候以及河套人的生产生活等具有十分重要的价值。

⮞ 王氏水牛角化石

—

旧石器时代中期（距今 10 万 ~ 5 万年）
鄂尔多斯市乌审旗萨拉乌苏遗址出土
鄂尔多斯市博物院藏

—

王氏水牛是萨拉乌苏动物群中的重要成员，其最显
著特征就是牛角横切面呈等腰三角形，与其他水牛
明显不同。为纪念在科学考察中献身的牧民石王
顺，桑志华将这一已经灭绝的水牛新种属命名为
"王氏水牛"。

⮱ 河套大角鹿角化石

旧石器时代中期（距今 10 万 ~ 5 万年）
鄂尔多斯市乌审旗萨拉乌苏遗址出土
鄂尔多斯市博物院藏

鹿角呈扁平扇形，形态奇特，属于萨拉乌苏动物群
中的特有发现。
由于此为1922年鄂尔多斯萨拉乌苏河流域的科学
考察中首次发现的一个古鹿种属，因出土地而得名
"河套大角鹿"。

二 乌兰木伦遗址

　　位于鄂尔多斯市康巴什区与伊金霍洛旗交界的乌兰木伦遗址，自2010年发现以来，已连续进行了多年的考古发掘，累计出土了有着欧洲莫斯特—奥瑞纳石器类型特征的盘状器、带铤石镞等13000多件石制品，还发现了多处人类用火的痕迹，年代测定为距今6.5万～5万年。此外，还出土了15000多件属于萨拉乌苏动物群的古动物化石20余种，包括一具中国旧石器时代考古发现中最为完整的披毛犀骨骼化石。

▲ 乌兰木伦遗址

⮞ 带铤石镞

旧石器时代中晚期（距今 6.5 万 ~ 5 万年）
鄂尔多斯市康巴什区乌兰木伦遗址出土
鄂尔多斯市文物考古研究院藏

石镞为黑色石英岩制成，采用正向加工的方式，整
个器身一周均有非常精致的修理。铤部可以绑缚木
柄，形成一件可以远距离射杀的复合工具。带铤石
镞最早发现于非洲。这件石镞的出土，证明早在数
万年即已存在的东西方文化传播和交流。

⮞ 尖状器

旧石器时代中晚期（距今 6.5 万 ~ 5 万年）
鄂尔多斯市康巴什区乌兰木伦遗址采集
鄂尔多斯市文物考古研究院藏

尖状器。具有欧洲旧石器时代莫斯特文化的典型特
征，是东西方文化交流的见证。

⮞ 刮削器

旧石器时代中晚期（距今 6.5 万 ~ 5 万年）
鄂尔多斯市康巴什区乌兰木伦遗址出土
鄂尔多斯市文物考古研究院藏

整体修型，四面为薄刃，两端留有凸刃，是具有东
西方文化交流特点的生产工具。

🔸 尖状器

旧石器时代中晚期（距今 6.5 万 ~ 5 万年）
鄂尔多斯市康巴什区乌兰木伦遗址出土
鄂尔多斯市文物考古研究院藏

打击石片加工而成。整体呈新月形，器形规整，加
工技术可见一斑。

🔸 砍砸器

旧石器时代中晚期（距今 6.5 万 ~ 5 万年）
鄂尔多斯市康巴什区乌兰木伦遗址出土
鄂尔多斯市文物考古研究院藏

保留大部原始石面，远端留有砍砸坚果、根系以
及加工石器的刃口。

🔸 盘状器

旧石器时代中晚期（距今 6.5 万 ~ 5 万年）
鄂尔多斯市康巴什区乌兰木伦遗址出土
鄂尔多斯市文物考古研究院藏

石片工具，四周打制出锋利的边刃，并留有尖锋，
反映出古人娴熟的加工技艺。

三 水洞沟遗址

　　在发现萨拉乌苏遗址的同时，在今鄂尔多斯市西南部鄂托克前旗与银川市灵武市交界处的水洞沟，也发现了一处旧石器时代文化遗址。百年来，该遗址经过多次发掘，出土了大量的石器及动物化石标本，年代测定为距今5万～1.5万年。其中，部分石器以西方勒瓦娄哇技术制作，明显受到了外来文化的影响。这一技术的运用，也为今后中国北方细石器制作工艺的发展奠定了基础。

▼水洞沟遗址

▲ 水洞沟遗址近景

⇨ 打制石器

旧石器时代晚期（距今 5 万~1.5 万年）
宁夏回族自治区灵武市水洞沟遗址出土
鄂尔多斯市博物院藏

这些打制石器包括有凸刃刮削器、勒瓦娄哇石核、
石片等。考古研究表明，水洞沟文化制品特别是
石器，具有明显的外来文化因素，是西方人群流
动与当地文化群体相融合的结果。

➷ 石核

—

旧石器时代晚期（距今 5 万 ~1.5 万年）

宁夏回族自治区灵武市水洞沟遗址出土

鄂尔多斯市鄂托克前旗文博研究院提供

➷ 石镞

—

旧石器时代末期

鄂尔多斯地区征集

鄂尔多斯市博物院藏

这是一种主要分布在我国长城沿线及以北地区被称为"细石器"考古学遗存中的典型器物，它兴起于旧石器时代末期，新石器时代趋于成熟。它多以燧石为原料，采用软锤打片，也有的认为是使用胸压法的剥制技术制作而成的。

❖ 石核

—

旧石器时代末期

鄂尔多斯地区征集

鄂尔多斯市博物院藏

二 | 文明碰撞的结晶

　　新石器时代，以黄河流域仰韶文化为主要代表的先民率先在这里开始了刀耕火种的生产生活。他们饲养狗、猪等家畜，建造半地穴式房屋；生产工具以磨制精湛的石器为主，陶器制作与使用也逐渐专属化。随着气候与环境的渐变以及经济文化交流的逐渐频繁，以使用细石器为主要特征的狩猎和采集文化开始出现并不断加强，河套地区的社会经济形态呈现出原始农耕与采集狩猎并存的时代风貌。

● 文化的传播与交融

　　在南流黄河岸边发现的新石器时代文化，距今约6500年，最早当属中原仰韶文化半坡类型，显示出以原始农耕为主的生业形态。在黄河上中游交界的区域，发现了距今5500年左右、被命名为海生不浪文化的新石器时代文化遗存，呈现出东北红山文化等与仰韶文化庙底沟类型在此的碰撞与交融。此外，在鄂尔多斯南部还发现有甘青地区新石器时代文化的踪迹。不同考古学文化的传播与交融是新石器时代这一区域的重要特征。

▲ 南流黄河两岸阶地地貌

▲ 寨子圪旦遗址

▲ 寨子圪旦遗址周边地貌

❧ 弓形石磨棒

新石器时代 仰韶文化前期（距今 6500 ~ 6000 年）
鄂尔多斯市杭锦旗出土
鄂尔多斯市博物院藏

整体略呈哑铃状，通体磨光。石磨棒一般与石磨盘组合使用，主要用于加工农作物。石磨盘与石磨棒应是粟作农业的粮食加工工具，与粟的起源关系密切，凝聚着原始人类高度的智慧。

❧ 打制石铲

新石器时代 仰韶文化前期（距今 6500 ~ 6000 年）
鄂尔多斯市准格尔旗阳湾遗址出土
鄂尔多斯市博物院藏

利用扁状砾石打制而成。器物整体呈铲状，刃口钝厚，器身厚重。上端两侧留有的凹口绑系上木柄后，可以组成长柄的复合工具，凝聚着原始人类高度的智慧。

❧ 石犁

新石器时代 仰韶文化前期（距今 6500～6000 年）
鄂尔多斯地区出土
鄂尔多斯市博物院藏

整体呈圆形，一端圆弧且厚，一端平整有尖凸，中间穿有两个硕大的圆孔，用来绑系、固定木柄。石犁是用来破土、松土和改善土壤质地的农业生产工具。

❧ 石璧

新石器时代 仰韶文化前期（距今 6500～6000 年）
鄂尔多斯市达拉特旗瓦窑遗址出土
鄂尔多斯市博物院藏

璧起源于新石器时代，延续时间最长，内涵和功能也最丰富，可用于祭祀、礼仪、佩饰、丧葬、馈赠等。新石器时代，石璧的出现表明原始社会人类朴素的仪礼制度已经初现端倪。

➷ 石刀

—

新石器时代

鄂尔多斯市达拉特旗树林召乡瓦窑遗址出土

鄂尔多斯市博物院藏

整体呈长方形薄片。直刃直背，刃为双面磨制，中锋，刀两面平整磨光，中心偏上钻一圆孔，孔口呈两面大中间小。石刀是新石器时代一种重要的农业采集工具。

➷ 石刀

—

新石器时代

鄂尔多斯市达拉特旗瓦窑遗址出土

鄂尔多斯市博物院藏

石刀是古时人们采集植物的主要工具，主要用于收割谷类植物的穗部。类似的采集工具，在近代的少数民族中仍在使用，也称"爪镰"。

⚘ 小口尖底瓶

新石器时代 仰韶文化前期（距今 6500～6000 年）
鄂尔多斯地区征集
鄂尔多斯市博物院藏

小口尖底瓶是新石器时代仰韶文化遗址出土较多的
陶制器物，有小口、长圆腹、尖底的特征。这种独
特的陶器是中原地区早期农业文化向北传播的见证。

❧ 红陶壶

新石器时代 仰韶文化前期（距今 6500 ～ 6000 年）
鄂尔多斯市准格尔旗贺家沙背遗址出土
鄂尔多斯市博物院藏

汲水工具。泥质红陶，质地细腻。整器呈修长筒
状，小口，腹部两侧设对称宽鋬耳。这样的形制便
于汲满水后搬运。

红陶钵

新石器时代 仰韶文化前期（距今 6500 ~ 6000 年）
鄂尔多斯市准格尔旗坟鄢墓地出土
鄂尔多斯市博物院藏

食具。泥质红陶。广口，收腹，圜底。质地细腻，
器壁光滑，形制规整，考古学上把这类器物称作
"红顶钵"。

黑彩钵

新石器时代 仰韶文化前期（距今 6500 ~ 6000 年）
鄂尔多斯市准格尔旗出土
鄂尔多斯市博物院藏

黑带彩陶钵，是庙底沟文化遗存代表器物之一。庙
底沟文化传播到鄂尔多斯甚至更北的黄河流域地区
后，在这里形成了白泥窑子一期文化，显现出了史
前关中地区与北方地区的人群流动和文化传播。

➷ 陶罐

新石器时代 仰韶文化前期（距今 6500 ～ 6000 年）
鄂尔多斯市准格尔旗阳湾遗址出土
鄂尔多斯市博物院藏

盛具。夹砂褐陶。泥条盘筑制成，小平底，大鼓腹，
是阳湾遗址先民日常生活中最主要的用具。

➷ 喇叭口尖底瓶

新石器时代 仰韶文化后期（距今 5800 ~ 4800 年）
鄂尔多斯市达拉特旗奎银生沟遗址出土
鄂尔多斯市博物院藏

汲水工具。喇叭口尖底瓶是海生不浪文化时期（距今约 5500 ~ 5000 年）鄂尔多斯地区古人类普遍使用的一种器皿。由于整体形态与甲骨文"酉"字十分相近，因此也被称为"酉瓶"。

➷ 喇叭口尖底瓶

➷ 喇叭口尖底瓶

新石器时代 仰韶文化后期（距今 5800 ～ 4800 年）
鄂尔多斯地区征集
鄂尔多斯市博物院藏

泥质陶。喇叭口，束颈，鼓肩，尖底。饰绳纹，有
的颈部贴塑泥条一周。

❧ 双耳彩陶罐

新石器时代　马家窑文化（距今约 5000 ~ 4500 年）
鄂尔多斯地区征集
鄂尔多斯市博物院藏

泥质红陶。侈口、长颈，折腹，口、肩间有对称弧形大耳，肩腹部施黑彩，饰规整的折回纹。这件彩陶罐具有典型的马家窑文化特点。鄂尔多斯西南部地区出土有马家窑文化的彩陶器，实证不同文化间的彼此传播和借鉴。

❧ 彩陶壶

新石器时代
鄂尔多斯地区征集
鄂尔多斯市博物院藏

红衣黑彩。细长颈，垂腹，圜底，颈、肩处有一环形鋬耳，器身大部饰有规整的三角折线纹。这件彩陶器与内蒙古黄河流域的庙子沟文化同类器有相似之处，显现出不同文化间存在着某些共性。

⮞ 彩陶罐

新石器时代 马家窑文化（距今约 5000 ~ 4500 年）
鄂尔多斯地区征集
鄂尔多斯市博物院藏

体形硕大。小侈口，腹宽而圆，两侧对称有小环
耳，小平底。器身大部饰重圈纹，最内侧绘画四瓣
花卉纹样。

➡ 喇叭口圜底瓶

新石器时代 仰韶文化末期（距今 4800 ~ 4600 年）
鄂尔多斯市达拉特旗青达门乡出土
鄂尔多斯市博物院藏

汲水工具。器形硕大，是鄂尔多斯黄河沿岸居民使
用的陶器。这一独特的器物造型是由喇叭口尖底瓶
发展而来的。

二 黄河岸边的古国文明

随着气候环境的渐变，距今约5000～4500年，在黄河河套区域，原始农耕的日渐萎缩，狩猎和家畜饲养占比进一步增长，拉开了第一次社会大分工的序幕。众多石城、祭祀遗址遗迹的出现，则标志着黄河岸边古国文明的形成。到了距今4200多年，这里还出现了老虎山—永兴店文化，彰显出文化交流与传播对促进社会发展的强大动力。

▲ 大宽滩古城墙体遗迹

❧ 石铲

新石器时代末期（距今约4200年）
鄂尔多斯市伊金霍洛旗袁宝锁湾遗址出土
鄂尔多斯市博物院藏

这可能是当时人们使用的主要掘土工具，亦即文献记载中的"耜"。而这些用精美的"黄河玉"制作的石铲，很可能是当时的部族或部落的头领手中所持的特殊用具，也就是进入阶级社会后象征权力、地位的"钺"的雏形。

❧ 石斧

新石器时代晚期至夏（距今4200～3600年）
鄂尔多斯市东胜区塔拉壕出土
鄂尔多斯市博物院藏

通体磨光，窄顶，宽刃，加工非常精细。石斧是当时人们的主要砍剁工具，开垦荒地、砍伐树木、修整建造房子的梁柱，包括砸击动物的肢骨等都离不开它。

❧ 穿孔石斧

新石器时代晚期至夏（距今 4200 ～ 3600 年）
鄂尔多斯市准格尔旗大路乡大脑包出土
鄂尔多斯市博物院藏

整体呈长方形，弧平顶，正锋，直刃。上部有孔，
可用来装柄。通体磨光，光泽温润。石斧最初是
作为砍伐、劈破树木或制作竹木器的工具，是适应
"刀耕火种"原始农业时代的产物。

❧ 石镬

新石器时代
鄂尔多斯市准格尔旗采集
鄂尔多斯市博物院藏

整体呈水滴形，中间有一圆形穿孔，尖端扁薄。石
镬是用来破土、松土的农业生产工具。

❧ 石纺轮

新石器时代末期（距今约 4200 年）
鄂尔多斯地区征集
鄂尔多斯市博物院藏

通体磨光，一面刻划有草叶纹。中心穿孔，用来穿
插细木棍使用。

❧ 石人面像

新石器时代末期（距今约 4200 年）
鄂尔多斯市准格尔旗采集
鄂尔多斯市博物院藏

整体呈椭圆形，呈抽象的人面形。利用石体原有皮
面磨刻出左右对称的人面形，眼眶、眼珠夸张。这
件人面像应是古人原始崇拜的物质载体。

❖ 双鋬鬲

新石器时代 永兴店文化（距今 4600～4200 年）
鄂尔多斯市准格尔旗永兴店遗址出土
鄂尔多斯市博物院藏

侈口，颈下两侧装鋬手，三个大袋足十分硕大。鬲
是永兴店文化先民率先发明并使用的一种炊器。研
究表明，永兴店文化先民们受中原釜形斝的启发，
将日用汲水器喇叭口圜底瓶与夹砂罐有机结合，形
成新的炊器——鬲。这一新炊具的出现，实证了不
同群体间文化交流对社会生产的有力促进。

➡ 鬲

新石器时代 永兴店文化（距今 4600 ~ 4200 年）
鄂尔多斯市准格尔旗永兴店遗址出土
鄂尔多斯市博物院藏

敛口，广肩，束腰，下接三个硕大的袋足，周身通
饰绳纹。鬲是永兴店文化率先发明并大量使用的一
种重要炊具。

➧ 石网坠

夏（前 2070 ~ 前 1600 年）
鄂尔多斯市准格尔旗布尔陶亥乡采集
鄂尔多斯市博物院藏

由光滑的河卵石制成。网坠是古人渔猎时的生产用
具，系于渔网下端，增加渔网下端重量，使其能够
快速沉入水中，便于捕渔。

➧ 石拍

夏（前 2070 ~ 前 1600 年）
鄂尔多斯市准格尔旗德胜西乡采集
鄂尔多斯市博物院藏

加工陶器时对器表进行拍、磨的用具。

陕西石峁古城皇城台遗址

◆ 陶拍

夏（前 2070 ~ 前 1600 年）
鄂尔多斯地区征集
鄂尔多斯市博物院藏

制陶工具。中空，表面留细密的小孔和菱格纹。当陶器坯未干时，用陶拍击打其表面，以加强陶胎的密度。陶拍上有纹饰，拍打时可在陶器表面印上纹饰。

第二节
北方青铜文化的孕育
（夏商周时期）

自全新世暖湿期以后，干旱化逐渐成为中国北方地区气候发展的总态势。大约从夏末商初开始，农耕与畜牧交错、农牧互为补充的经济形态成为这里经济发展的主流。在鄂尔多斯市伊金霍洛旗发现的朱开沟文化遗址，即出土了迄今为止中国最早的鄂尔多斯青铜器，为中国北方游牧化的形成奠定了基础。而位于黄河河套、临近中原农耕文明区域的鄂尔多斯，亦因其独特的地理位置和传统文化特色，为农耕与游牧文化的交流与交融提供了广阔的空间。

▲ 鄂尔多斯地区农牧交错地貌

▼ 鄂尔多斯草原地貌

一 | 多元文化的舞台（夏商至西周时期）

考古发现表明，商周时期，生活在黄河河套区域的先民因气候环境的因素或改变生产方式，或迁徙他乡。朱开沟文化中鄂尔多斯青铜器的出现，以及蛇纹陶鬲、花边陶鬲的对外传播等，都反映出当时社会经济生活的真实状况。到了春秋战国时期，畜牧—游牧生业形态逐渐成为河套区域的主流，不同人群的存在、不同文化面貌的逐渐"趋同"等，既证明了当时不同种族文化交融日益加强的客观现实，又为中国北方游牧化发端于此奠定了坚实基础。

一 朱开沟文化

自20世纪70年代以来，考古工作者在鄂尔多斯市伊金霍洛旗朱开沟遗址进行了多次发掘。该遗址共分五段，时代为距今4200～3500年。其第三到第五段被称为朱开沟文化，时代为夏代晚期到商代早期。该遗址不仅出土了许多的花边鬲、蛇纹鬲等三足陶器，更发现了迄今为止最早的鄂尔多斯青铜器。原始农耕的衰退和畜牧比重的增长，标志着河套地区畜牧业从农业中分离出来的第一次社会大分工的完成。

▼ 朱开沟遗址远景

▲ 朱开沟遗址展厅实景

➷ 蛇纹鬲

商（前 1600 ～前 1046 年）
鄂尔多斯市伊金霍洛旗朱开沟遗址出土
内蒙古自治区文物考古研究院藏

侈口，长颈，下接三袋足。通体装饰细密绳纹，绳
纹之上还贴塑有弯折的泥条，与蛇形近似，顾名"蛇
纹鬲"。蛇纹鬲是朱开沟文化最为典型的器物代表。

➷ 三足瓮

新石器时代末期至商前期（前 2200～前 1400 年）
鄂尔多斯市准格尔旗布尔陶亥出土
鄂尔多斯市博物院藏

器形硕大。陶瓮圆口、深腹、圜底，底部饰三个乳
状袋足，通体较光滑，素面无纹饰。

陶瓮通常用作储藏器或水器，也有作为葬具的。三
足瓮极有可能起源于内蒙古中南部地区。它同大袋
足鬲、敛口直腹瓿等器皿一样，都是朱开沟文化先
民率先发明创造的，然后沿黄河南下，完成了向晋
中等地区的传播与辐射。

➷ 蛋形瓮

夏（前 2070～前 1600 年）
鄂尔多斯市伊金霍洛旗朱开沟遗址出土
鄂尔多斯市博物院藏

敛口，深腹，圜底，中部装两个对称的鋬手，通体
饰绳纹。

⇥ 高领罐

—

夏（前 2070 ~ 前 1600 年）

鄂尔多斯市伊金霍洛旗沙日塔拉遗址出土

鄂尔多斯市博物院藏

—

侈口，高领，折肩，腹斜直，平底，器身下部饰篮纹。

➴ 单把鬲

夏（前 2070 ～前 1600 年）
鄂尔多斯市伊金霍洛旗朱开沟遗址出土
鄂尔多斯市博物院藏

侈口，直领，长颈，颈下接三个袋足，足尖较高，
口沿至袋足处装有一带状宽把耳。三袋足外装饰规
整方格纹。

➴ 双耳罐

夏（前 2070 ～前 1600 年）
鄂尔多斯市伊金霍洛旗朱开沟遗址出土
鄂尔多斯市博物院藏

侈口，斜直领，弧折腹，平底。口沿至腹部之间对
称装两个长宽耳。

⟡ 陶盉

商（前 1600 ～前 1046 年）
鄂尔多斯市伊金霍洛旗朱开沟遗址出土
内蒙古自治区文物考古研究院藏

侈口，长直颈，下接三个袋足，口沿至袋足中部装
一个宽鋬耳，与之相对的是自口沿半卷而成的短流。
袋足周身饰方格纹。

⇒ 陶盉

商（前 1600 ～前 1046 年）
鄂尔多斯市伊金霍洛旗沙日塔拉遗址出土
鄂尔多斯市博物院藏

敛口，折肩，斜腹，下方接三个小袋足，肩腹相接
处为一斜朝上的流。这件陶盉出土于黄河支流乌兰
伦河的上中游，是朱开沟文化的典型器物。

❧ 青铜短剑、青铜刀

—

商（前 1600～前 1046 年）

鄂尔多斯市伊金霍洛旗朱开沟遗址出土

内蒙古博物院藏

—

剑身近柳叶形，厚脊，双面刃，直柄、中间有两道凹槽，柄首略呈环状，剑格较窄、向下斜凸。柄部缠绕麻绳。这柄青铜短剑，是目前中国发现的最早的青铜短剑，被学界誉为"中华第一剑"。

青铜刀是与青铜短剑同出的，环首，长刀，刀锋上翘。

➲ 虎头内青铜戈

商（前 1600～前 1046 年）
鄂尔多斯市伊金霍洛旗朱开沟遗址出土
内蒙古博物院藏

长援，直阑，长方内，刃端做成虎首造型。
这件青铜戈集中原地区与北方地区文化特征于一身，
反映出农耕文化和游牧文化相互借鉴、交融一体的
风格。

➲ 青铜戈

商（前 1600～前 1046 年）
鄂尔多斯市伊金霍洛旗朱开沟遗址出土
内蒙古自治区文物考古研究院藏

长援，长方内，一字阑，阑两侧各有一个较大的穿
孔，应是绑系木柄时的固定装置。朱开沟文化出土
的青铜器中，不仅有代表畜牧经济的制品，也存在
着如这件代表中原农耕经济的青铜戈，这说明商代
前期两地经济、文化的交流。

❧ 青铜臂钏

商（前 1600 ~ 前 1046 年）
鄂尔多斯市伊金霍洛旗朱开沟遗址出土
内蒙古博物院藏

—

直筒形，内壁平滑，外壁上下各出一匝凸棱。臂钏系青铜铸造后经冷热加工处理。

❧ 骨针筒、针

夏（前 2070 ~ 前 1600 年）
鄂尔多斯市伊金霍洛旗朱开沟遗址出土
鄂尔多斯市博物院藏

—

由动物肢骨加工而成的小型筒状容器，表面刻划菱形和斜线纹，内部收纳骨针，方便日常使用及携带。骨针通体磨光，细长而洁白，尖端锐利，另一端有针孔，穿系麻绳，应为制作衣服所使用的器物。

玉璋

商（前 1600 ~ 前 1046 年）

鄂尔多斯市伊金霍洛旗沙日塔拉遗址出土

鄂尔多斯市博物院藏

—

上窄下宽，两侧、下缘切割有矩形凹缺。由上端的
穿孔推测，其应是挂坠的饰件。

玉璋

商（前 1600 ~ 前 1046 年）

鄂尔多斯市伊金霍洛旗沙日塔拉遗址出土

鄂尔多斯市博物院藏

—

墨玉质。器身长而扁平，边缘呈锯齿状，上端有小
穿孔。玉璋最早见于新石器时代龙山文化的司马台
遗址。

➥ 玉人

商（前 1600～前 1046 年）

鄂尔多斯市伊金霍洛旗沙日塔拉遗址出土

鄂尔多斯市博物院藏

整体呈抽象的立人形象。玉人最早出现在新石器时
代，主要源于史前社会人类的图腾崇拜和人神崇拜
等，反映了原始社会人类的文明意识、思想观念及
审美情趣。

➥ 玉钺

商（前 1600～前 1046 年）

鄂尔多斯市伊金霍洛旗沙日塔拉遗址出土

鄂尔多斯市博物院藏

墨玉。呈长方形，刃口斜直，一端有孔，可捆绑长
柄。一侧边缘较直；另一侧边缘保留一个半圆残孔，
应是利用残旧玉器再次加工修整而成。

玉钺是对短兵相接时近身搏杀武器石钺的玉礼化，
也是"以玉为兵"的象征。新石器时代和夏商周时
期，玉钺成为一种集军事统治权、战争指挥权、王
权于一身的独有的礼仪玉器。

➷ 玉琮

—

商（前 1600 ~ 前 1046 年）

鄂尔多斯市伊金霍洛旗沙日塔拉遗址出土

鄂尔多斯市博物院藏

—

　形体较小，制作工艺简洁。内圆外方，外部四角凸起，器表光素无纹。玉琮的出现说明古人非常重视人与天地的联系，它们被古人视作沟通天地和神灵的媒介。据初步研究，北方地区玉琮数量非常有限，仅在甘青地区齐家文化和赤峰地区夏家店下层文化中出土过，在内蒙古黄河流域尚属首次，它的出土填补了黄河流域东西文化交流线上玉琮使用的空白，为解读北方地区礼制文化带来了新材料。

　玉琮是一种内圆外方的筒形玉器，最早的玉琮见于安徽潜山薛家岗第三期文化，距今约5100年。为古代"六器"之一，"琮"之名，始见于儒家经典《周礼》，为古代最为高贵的礼器之一。《周礼》记载："以玉作六器，以礼天地四方。"

二 长城文化带

　　自商周以来，中国北方逐渐形成了以半农半牧为主要经济形态的区域。因其与秦汉时期长城的走向大致吻合，故称其为长城文化带或北方文化带。在这一区域内生活着被泛称为"戎狄"的部落，他们与中原北部从事农耕的民族有着较为密切的接触。随着战国晚期以来长城的不断修建，有些"戎狄"或融于中原务农，或北上草原并入"诸胡"游牧，由此形成了两种经济与文化并存的区域——长城文化带。

⟐ 铃首青铜短剑

商（前 1600 ～前 1046 年）
鄂尔多斯市伊金霍洛旗合同庙出土
鄂尔多斯市博物院藏

长剑身，短剑茎，一字格，剑身中部有柱形脊，剑茎一端有较大的扁铃首。短剑是商代晚期中国北方地区流行的青铜兵器，一般由剑茎、剑格、剑身三部分组成。短小而呈三角形的剑身和铃首是这柄短剑的最大特征，反映出商代晚期的文化特征，代表了这一时期人们的审美取向和铸造工艺。

▲ 伊金霍洛旗纳林塔战国秦长城

➜ 铃首青铜短剑

商（前 1600～前 1046 年）
鄂尔多斯地区征集
鄂尔多斯市博物院藏

剑身与剑茎长度相当，最大的特征莫过于剑茎端部
硕大的铃首和镂空的柄身，表现出不同文化元素的
特点。

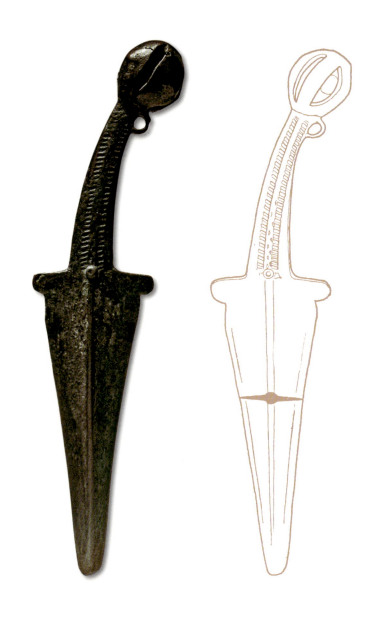

🗡 铃首侧环青铜剑

商（前 1600 ~ 前 1046 年）
鄂尔多斯地区征集
鄂尔多斯市博物院藏

曲茎，三角形剑身，中间起脊，柄首装有长椭形铃，铃下一侧有一个小圈环。这件青铜短剑是起源于黄河沿岸西岔文化的代表性器物。

🗡 羊首侧环青铜短剑

商（前 1600 ~ 前 1046 年）
鄂尔多斯地区征集
鄂尔多斯市博物院藏

采用模范铸造而成的，由剑茎、剑格和剑身三部分构成。剑茎长条形，中间起脊。首部做成盘角羊的造型，立体感较强，憨态可掬。这柄青铜短剑具有浓郁的北方游牧民族文化特征。

➥ 羊首青铜刀

商（前 1600 ~ 前 1046 年）

鄂尔多斯地区征集

鄂尔多斯市博物院藏

青铜刀是北方游牧民族常用的生产生活器具。此青铜刀整体造型形似一只正在奔跑中的羚羊：羊首的刻划最为精湛，大尖耳、长嘴、圆眼、长窄脸颊，非常写实而生动，充满了浓浓的生活气息。

➥ 空首斧

商（前 1600 ~ 前 1046 年）

鄂尔多斯地区征集

鄂尔多斯市博物院藏

长舌形。扁圆銎，宽弧刃，斧身中部模铸有折线圆圈纹以及三角纹，两侧各铸一小环。早在朱开沟文化遗址中就出土有铸造空首斧的陶范，这说明空首斧极可能就是在朱开沟文化率先起源并向四周传播的，见证着多地之间的文化联系。

➥ 青铜觚

商（前 1600 ~ 前 1046 年）
鄂尔多斯地区征集
鄂尔多斯市博物院藏

这件铜觚喇叭形侈口，束颈，外撇高圈足。颈部饰四道凸弦纹，颈部及圈足饰卷龙纹，局部饰有乳丁纹。整体纹饰细腻、造型精美，犹如一朵盛开的喇叭花。

觚，盛酒器，乃礼器的一种。觚字本意为棱角，酒器器身有四面棱、八面棱者，便因形而名觚。这种盛行于商周的饮酒器，常与铜爵成组随葬。使用时，如需温酒，用爵；不需温热，则用觚。爵和觚都属于极为崇高的礼器，段玉裁《说文解字注》称，只有在燕礼和祭祀时才使用。

➡ 乳丁纹铜簋

商（前 1600 ～ 前 1046 年）
鄂尔多斯地区征集
鄂尔多斯市博物院藏

侈口，深腹，圈足，无耳。腹部及圈足饰兽面纹和
乳丁纹。整件器物造型厚重。簋，是古代中国用于
盛放煮熟饭食的器皿，也用作礼器，多圆口，双
耳，流行于商朝至东周，是中国青铜时代标志性青
铜器具之一。

🔖 同心圆纹铜镜

商（前 1600 ~ 前 1046 年）
鄂尔多斯地区征集
鄂尔多斯市博物院藏

圆形，镜身较薄。背面饰数周凸弦纹形成同心圆，
弦纹上还装饰多条平行线，桥形纽。
殷商时期铜镜的特点是镜面微凸或较平，为圆形，
镜身较薄。背面纹饰简单，一般饰有数周凸弦纹，
有的弦纹间饰有小乳丁及放射状竖线等。

❥ 管銎斧

商代晚期（约前 1300 ~ 前 1046 年）
鄂尔多斯地区征集
鄂尔多斯市博物院藏

长管銎，略扁，援呈舌状，圆弧刃，内甚小，有直刃，内下有一小圆凸。管銎表面装饰有三组同心的三角纹，余部光洁。

❥ 管銎斧

西周中期（前 922 ~ 前 878 年）
鄂尔多斯地区征集
鄂尔多斯市博物院藏

管銎，舌形援，有圆弧刃，内甚为短小，有刃。整体素面光洁。

❥ 管銎斧

商（前 1600 ~ 前 1046 年）
鄂尔多斯地区征集
鄂尔多斯市博物院藏

这件管銎斧是欧亚草原地区流行的青铜斧，上銎口与援部平直，援长且宽，中部留有棱脊。

❧ 几何形玛瑙饰件

—

战国（前 476 ~ 前 221 年）

鄂尔多斯市东胜区塔拉壕乡碾房渠村碾房社窖藏出土

鄂尔多斯市博物院藏

—

以扁圆形、菱形的玛瑙质串珠组合而成，色泽红润，
晶莹剔透。

▲ 桌子山乌仁都西峰

一 | 游牧文化的渐兴（春秋战国时期）

　　春秋战国时期，黄河河套地区逐渐成为中国古代北方游牧文化最为集中的区域。考古发现亦表明，包括今甘肃、宁夏以及鄂尔多斯在内的河套区域出土的、反映游牧文化特征的青铜兵器、车马具以及动物纹装饰艺术品的文物最为集中，且欧亚大陆草原游牧文化的因素在这里也可以找到其传播的踪迹，加之黄河岸边分布的数以万计的岩画等，都昭示着中国北方游牧文明在此孕育并发展的客观史实。

● 黄河岸边的"无字天书"

　　有着"无字天书"之称的岩画，既是欧亚大陆草原畜牧—游牧部族的艺术创造，也是其生产生活的真实反映。据不完全统计，包括鄂尔多斯地区在内的阴山、贺兰山、桌子山等区域分布的岩画即多达数万幅。这些岩画时代跨度大，文化内涵丰富。黄河河套地区汇集了如此众多的岩画，既反映出各历史时期畜牧—游牧部族的活动区域，也昭示出游牧经济与农耕经济互补、游牧部族与农耕民族的相互依存。

▲ 摩尔沟岩画地貌

▲ 摩尔沟岩画

❧ 人面像

旧石器时代晚期
鄂尔多斯市鄂托克旗苦菜沟岩画点
原址保护

❧ 放牧

东周（前 770 ～ 前 256 年）
鄂尔多斯市鄂托克旗希乌哈达岩画点
原址保护

❧ 武士图

东周（前 770 ～ 前 256 年）
鄂尔多斯市鄂托克旗乌兰布拉格岩画点
原址保护

二 鄂尔多斯青铜器

从19世纪末开始，在中国北方长城地带的西部即陆续发现了大量以动物造型或纹饰为装饰题材的青铜器及金、银制品。这些具有浓郁地方特色、且与欧亚大陆草原文化有着一定联系的精美文物，不仅有着重要的历史学、民族学等研究价值，同时也是难得的古代艺术珍品，备受瞩目。由于以鄂尔多斯地区为中心的区域范围内所发现的这类文物数量最多、最集中也最具特色，又被称为"鄂尔多斯青铜器"。

1.文化交流的见证

从商代开始，鄂尔多斯青铜器在造型、装饰纹样与装饰风格等方面，就受到了来自中原与欧亚草原两方面文化的影响。中原青铜文化、欧亚草原青铜文化，对中国北方青铜文化均产生了重要影响。其结果，在青铜器造型及艺术方面，鄂尔多斯青铜器明显汲取了南西伯利亚及阿尔泰地区的部分文化因素；而中国北方与欧亚草原的互动，无疑又对东西方文化的交流有所助益。

▼ 赵武灵王"胡服骑射"油画

❧ 鎏金铜当卢

战国中期（前 376 ~ 前 221 年）
鄂尔多斯地区征集
鄂尔多斯市博物院藏

整体鎏金，呈宽柳叶形。正面饰鼓突的圆纽，周围饰
以一圈三角和环形纹饰，整体造型优美，工艺精湛。

❧ 兽首纹青铜当卢

春秋战国（前 770 ~ 前 221 年）
鄂尔多斯地区征集
鄂尔多斯市博物院藏

平面呈不规则形，上宽下窄，两侧呈联弧状。当
面中部微鼓，装饰四组左右对称的动物图案，为
虎首、钩喙鹰形怪兽，并由凸棱宫格分隔。图案
外有宽边。背面有桥形纽。当卢造型奇特，线条
匀美，纹饰繁密而规整，是颇为少见而珍贵的青
铜马具。

❧ 熊虎纹车马具

战国（前 476 ～ 前 221 年）
鄂尔多斯地区征集
鄂尔多斯市博物院藏

长方体。中空，中部有两个管形鋬。正面饰相对的
虎首和熊首，两兽造型相近，形态一致，皆呈匍卧
状，前肢置于颌下。虎张口吐舌，熊双耳直立，略
显憨态。从造型分析，应是车舆围栏上的构件。

➲ 车轴饰

—

战国（前 476 ~ 前 221 年）

鄂尔多斯地区出土

鄂尔多斯市博物院藏

—

2件。近似长方体。顶部呈圆形，中空。表面饰有卷曲的线纹，推测应是车轴部分的配件。

➲ 鹿形青铜饰件

—

战国（前 476 ~ 前 221 年）

鄂尔多斯地区征集

鄂尔多斯市博物院藏

—

透雕，伫立鹿造型。大角呈半圆形弯向后背，头微低，长须，短尾，细腰，四肢修长。写实风格，形象生动。

❧ 变体双鸟纹金饰件

———

战国（前 476 ～ 前 221 年）

鄂尔多斯地区征集

鄂尔多斯市博物院藏

———

金片制成，整体似三角形。内部纹饰作对称的变体
双鸟纹，双鸟颇为简化，只具鸟首，两鸟间有立
柱，将两鸟分隔。根据出土的同类器分析，此饰片
应为车轮表面贴附的装饰物。

牛头形铜车軎

战国（前 476 ～ 前 221 年）

鄂尔多斯地区出土

鄂尔多斯市博物院藏

古时用来固定车轴的轴头。大体呈喇叭形，车軎为
牛头造型，安装在车轮两个轴端。

❧ 盘角羊辕头饰

战国晚期（前 276 ~ 前 221 年）
鄂尔多斯地区征集
鄂尔多斯市博物院藏

—

一端为立体的盘角羊造型，另一端为圆筒状銎，銎
口壁上有钉孔。整件器物造型精致，它是马车上的
车标，也可能是不同部族的崇拜物，代表着当时马
车主人的权力和地位。各式马具也由此成为鄂尔多
斯青铜器中的一个重要组成部分，主要有马衔、当
卢、马面饰、节约等。

2.青铜之路

在西汉"丝绸之路"开通之前，欧亚大陆就存在着东西方经济文化交流的渠道，这就是有着"青铜之路"之称的欧亚草原大通道。考古发现表明，这条以畜牧—游牧部族为主体连接起东西方的交流之路，传播得更多的是技术与理念、文化和艺术，如家畜的驯化与饲养、车辆的制造、青铜的冶炼乃至装饰艺术等。当然，中国的丝绸、铜镜乃至漆器等东方物品也包含其中。这条鲜为史载的青铜之路，对促进东西方经济文化等方面的交往交流交融起到了重要的推动作用。

▲ 草原上的驼队

▲ 欧亚草原青铜之路展厅实景

⮑ 鹿纹青铜饰牌

东周（前 770 ~ 前 256 年）

鄂尔多斯地区征集

鄂尔多斯市博物院藏

整体呈中间细、两端宽的不规则长方形，四个边角
附近有圆形穿孔。表面刻画四组不同的鹿及山羊的
图案，生动形象，精美灵动，体现了制作者的高超
技艺及独特审美。

❧ 双羊形铜饰件

春秋（前 770 ~ 前 477 年）
鄂尔多斯地区征集
鄂尔多斯市博物院藏

整体作两只对峙状态的大角羊造型。羊的背部装饰
环状拱起和圆盘形饰物，两羊中间以撑杆连接，最
下方有一个空心的插孔，应是装柄使用的。

❥ 鹿形铜车饰

战国中晚期（前 376 ～前 277 年）

鄂尔多斯地区征集

鄂尔多斯市博物院藏

—

铜车饰为立体鹿首造型，鹿昂首直视，双耳直立，造型优美。

❥ 乳丁纹青铜饰件

—

战国（前 476 ～前 221 年）

鄂尔多斯地区征集

鄂尔多斯市博物院藏

—

不规则形。边框有孔，临近小孔的镂空处呈长方形，应当是带穿；背部与孔相对有长方形凸起的纽。边框有五个凸起的乳丁状纹饰，内部由大小不同的七个乳丁状凸起彼此相连，形成镂空的不规则几何纹网状。这种不规则造型的带扣，风格独特，在鄂尔多斯青铜器中比较少见。

❥ 虎首形铜饰件

—

春秋（前 770 ～前 477 年）

鄂尔多斯地区征集

鄂尔多斯市博物院藏

—

整体呈弧曲形，一端为圆銎口，一端尖锐，弯折处为立体虎头形象。

➤ 双虎形银扣饰

战国晚期（前 276 ~ 前 221 年）
鄂尔多斯市伊金霍洛旗石灰沟出土
鄂尔多斯市博物院藏

该饰件固化了两只幼虎相互撕咬嬉戏时的精彩瞬间，造型生动，虎身线条流畅，刚柔并济，再现了中国早期北方游牧民族高超的艺术水平和金属铸造工艺。

➤ 虎形扣饰

战国中期（前 376 ~ 前 277 年）
鄂尔多斯市准格尔旗西沟畔出土
鄂尔多斯市博物院藏

以虎头为主要造型，造型生动，制作精美，小巧玲珑。

➤ 刺猬形银饰件

战国晚期（前 276 ~ 前 221 年）
鄂尔多斯市伊金霍洛旗石灰沟出土
鄂尔多斯市博物院藏

银片压制成立体刺猬形，腹部中空，四足前屈，嘴前伸，身上压出流苏状花纹。屈伸的前肢各有一个小孔，为缝制在衣物上的穿孔。

聚喙形银扣饰

战国晚期（前276～前221年）

鄂尔多斯市伊金霍洛旗石灰沟出土

鄂尔多斯市博物院藏

圆泡形。正面饰六只鸟首聚喙形纹饰，尖喙，圆眼，边缘一周花瓣状。

这类扣形饰及饰件大多应该缝缀在衣服的衣襟、袖口、裤脚或靴筒等部位，图案布局和谐，风格独特，制作精美。

回首动物形铜带扣

春秋战国（前770～前221年）

鄂尔多斯地区征集

鄂尔多斯市博物院藏

整体长方形，一端方，一端圆。环上有钩舌，内部作回首立鹿纹样。

❧ 团豹纹铜扣饰

—

春秋中期～战国早期（前 670 ～前 377 年）
鄂尔多斯地区征集
鄂尔多斯市博物院藏

透雕，圆形，背部有桥形纽。豹首为正面观，立耳圆眼，全身团成圆形，故称团豹。外圈饰一周连珠纹，周缘饰一周连续鸟头纹。作为装饰件，整体线条流畅，图案布局和谐，制作精美，风格独特。据特征分析，团豹纹铜扣饰应为夏家店上层文化器物。

❧ 三虎咬斗纹铜节约

春秋战国（前 770 ~ 前 221 年）
鄂尔多斯地区征集
鄂尔多斯市博物院藏

———

呈三虎首尾相接的造型。从背面的纽判断，其可能
是用来束缚马头的节约。

❧ 鹿形车辕饰

———

战国晚期（前 276 ~ 前 221 年）
鄂尔多斯地区征集
鄂尔多斯市博物院藏

———

长方形辕头饰，中空，横断面呈梯形。表面装饰连
续的勾连纹和方格纹，留有两个圆形钉孔。上部铸
有立鹿，颇为简化。

⤷ 羊首形青铜辕头饰

——

战国晚期（前 276- 前 221 年）
鄂尔多斯市准格尔旗玉隆太墓地出土
鄂尔多斯市博物院藏

——

辕头饰，长方形。中空，头部为立体羊首，表面刻
卷曲形纹样。

➷ 虎头形银节约

—

战国晚期（前 276 ~ 前 221 年）

鄂尔多斯市准格尔旗西沟畔出土

鄂尔多斯市博物院藏

—

整体作立式的猛虎形，背面有四方形穿纽，用以绑
系皮带。穿纽下刻划有赵国文字"□二两十二朱"。

➷ 双鸟纹金饰片

战国（前 476 ~ 前 221 年）

鄂尔多斯地区征集

鄂尔多斯市博物院藏

—

平面近"S"形。双鸟上下叠压，鸟首写实作回首

状，躯体简化，向上卷曲。两鸟相接处有一圆凸。

➥ 鹰虎搏斗纹铜带扣

战国（前 476 ~ 前 221 年）
鄂尔多斯地区征集
鄂尔多斯市博物院藏

—

平面略呈弧顶梯形。表面作鹰与虎形猛兽咬斗的形
象。虎兽左向，马首虎身，鸟形粗尾，后腿半蹲，
前足伸探作奋力抓握状，兽嘴大张，牢牢咬住从天
而降的猛禽爪部。虎兽上方一只硕大的兀鹫形猛禽
从天空俯冲而下，翼翅大张，用锋利的钩喙撕咬
虎兽的脊背勇猛异常。在两兽的眼、耳、身、喙、
爪、翅、尾等细部镶嵌蚌壳、绿松石、墨玉、玛瑙
等多色宝石，雍容华贵，色彩斑斓。带扣左侧留有
长椭形扣眼，用于穿带。

➥ 鹳鸟衔鱼纹金饰件

战国（前 476 ~ 前 221 年）
鄂尔多斯地区征集
鄂尔多斯市博物院藏

—

金片制成。主题图案作鹳鸟衔鱼形纹样，中间残断。

⊰ "上郡守寿"铜戈

春秋至战国早期（前 770 ~ 前 377 年）
鄂尔多斯市伊金霍洛旗红庆河乡出土
鄂尔多斯市博物院藏

援锐长，平直，无中脊，中长胡，有三个长方形穿。内微上翘，无穿。在内的两侧均刻有铭款，一侧刻铭清晰，为"十五年上郡守寿之造，漆垣工师乘、丞鼂、治工隶臣骑"；另一侧刻铭多数模糊不清，可识别的仅有"中阳""西都"等。

据刻铭可知，这件青铜戈是在秦上郡一位名"寿"的官员监制下完成的。根据该戈锐长援、中长胡三穿的形制特征，约相当于秦惠文王至秦昭王期间的战国中晚期，因此，这名监制官应该是《史记·秦本纪》中记载的"（秦昭王）十三年伐韩取武始"的大将向寿。秦上郡是在征伐义渠戎后所设，郡治在今陕西榆林城东南，如今的鄂尔多斯东南部当时均属上郡所辖。上郡守寿戈不仅是目前鄂尔多斯地区发现的刻铭最多的战国兵器，而且刻铭中的年号、监制官、主造工师、操作工匠、管理小吏、地名等等，可补多处史料记载之不足，对于研究鄂尔多斯地区战国历史具有十分重要的价值。

❧ 青铜短剑

战国（前 476 ～ 前 221 年）
鄂尔多斯地区征集
鄂尔多斯市博物院藏

管状柄，装饰大小的乳丁纹。剑身长而曲，为曲刃短剑。

❧ 青铜戈

战国（前 476 ～ 前 221 年）
鄂尔多斯地区征集
鄂尔多斯市博物院藏

戈是商周时期兵器中最常见的一种，是用于勾杀的兵器，又称作"勾兵"。戈通常由铜戈头、木柲、柲冒和镦四部分组成。《考工记·冶氏》载："戈广二寸，内倍之、胡三之、援四之。"指出了戈头各部分的比例。

❧ 铜鼎

战国中期（前 376 ~ 前 277 年）
鄂尔多斯地区征集
鄂尔多斯市博物院藏

子母口，盖缺失，圆腹，圜底，马蹄形足，附耳。
腹部饰有一圈弦纹。

➥ 青铜缶

春秋战国（前 770 ~ 前 221 年）
鄂尔多斯地区征集
鄂尔多斯市博物院藏

缶造型敦厚，体形庞大。敛口，上部有短小的矮直
领，内折沿，肩部圆鼓，并左右对称铸有两个龙形
耳。在肩部装饰多种纹饰，最上部是等距离的璧形
纹，下部是一周繁缛交错的蟠螭纹，中间用三匝凹
弦纹把它们分隔开来。缶是中国古代大型的盛酒器
和礼器，流行于商代晚期和春秋时期。

❂ 镈钟

春秋晚期至战国早期（前 570～前 377 年）
鄂尔多斯地区征集
鄂尔多斯市博物院藏

镈钟纽部为一对相背的蟠龙形象，周身以圆形鳞片纹
装饰，篆间饰云雷纹。镈钟主体以凸弦纹和乳丁纹装
饰，鼓部饰蟠螭纹。整件器物造型厚重、大气。

➡ 铜钫

春秋晚期至战国早期（前 570 ~ 前 377 年）
鄂尔多斯地区征集
鄂尔多斯市博物院藏

铜钫呈椭圆形，敛口，卷沿，平底，口沿下方两侧
有对称的双耳。

钫，酒器。椭圆形，敛口，卷沿，不同于圆形的
敦，其形制有无足平底，也有兽足、四足的，有
双耳，也有单耳。先秦时期的钫，青铜材质较多，
金钫尤为珍贵。

➷ 青铜豆

—

春秋晚期至战国早期（前 570 ~ 前 377 年）
鄂尔多斯地区征集
鄂尔多斯市博物院藏

—

口微敛，弧腹，柄较短，下为喇叭形圈足，无盖。
腹部有对称扁环耳，饰兽面纹，腹中部刻划两道弦
纹，局部锈蚀。

⮞ 鹿纹铜瓶

战国（前 476 ～前 221 年）

鄂尔多斯地区征集

鄂尔多斯市博物院藏

直口，长颈，圆鼓腹，圜底。腹部饰大角鹿纹饰。

➥ 鹿纹青铜鍑

战国（前 476 ～ 前 221 年）

鄂尔多斯地区征集

鄂尔多斯市博物院藏

敛口，深腹，圜底，喇叭形底座。口沿外侧装环形
耳，并饰一周大角鹿纹。

➥ 铜鼎

春秋晚期至战国早期（前 570～前 377 年）
鄂尔多斯地区征集
鄂尔多斯市博物院藏

子母口，扁圆腹，圜底，两环形附耳，三个高马蹄
形足。器盖向上鼓起，盖上有三个圆环形纽，整器
完整，器表纹饰以弦纹划分装饰带，器盖及器身腹
部每一装饰带均以蟠螭纹为纹饰单元排列成二方连
续式，三蹄足上端均饰兽面纹，整体纹饰分布较为细
密，部分纹饰有所磨损，于腹部和底部可见有烟炱。

❥ 铜敦

战国中期（前 376 ~ 前 277 年）
鄂尔多斯地区征集
鄂尔多斯市博物院藏

整体如球形，上部为器盖，上有三个伏卧状的兽形
纽，下半部似鼎身，有三足。两侧各有一圆衔环
耳，其一衔环脱落。器盖及上腹部纹饰细腻繁密。

➋ 杆头饰

战国晚期（前 276 ~ 前 221 年）
鄂尔多斯地区征集
鄂尔多斯市博物院藏

伫立羚羊，大角垂至脑后，足下有圆管状銎。
这类包括伫立的羚羊、卧马、狻猊等在内的青铜饰
件，应是具有神权、宗族权或地位标示功能的权杖
杖首。

❧ **杆头饰**

战国晚期（前 276 ~ 前 221 年）
鄂尔多斯地区征集
鄂尔多斯市博物院藏

伫立驴的造型，双耳竖立，自然垂首，鬃毛呈锯齿
状耸立，弓背。四足下有管状銎，銎一侧有环形鋬。

❧ **杆头饰**

战国晚期（前 276 ~ 前 221 年）
鄂尔多斯地区征集
鄂尔多斯市博物院藏

整件器物分为上、下两个部分，上部为立体羚羊的
造型，下部为管状銎。羚羊伫立，昂头弓身，双角
向后弯，呈弧形，四足紧凑，立于銎上。銎中部有
钉孔。

➔ 杆头饰

战国晚期（前 276 ~ 前 221 年）
鄂尔多斯地区征集
鄂尔多斯市博物院藏

整体似"Y"形。上部为立体的两只盘角羊形，羊首相背，躯体相连，仅表现出前半身。羊身以下接圆形管銎，留有钉孔。

➔ 杆头饰

战国晚期（前 276 ~ 前 223 年）
鄂尔多斯地区征集
鄂尔多斯市博物院藏

采用失蜡技法铸造成镂空的鸟形饰件。下部接短小的銎管，用来安装木柄或木杆。

❧ 双环首鹰头格铜短剑

战国（前 476～前 221 年）
鄂尔多斯地区征集
鄂尔多斯市博物院藏

剑首环形，为双兽首回曲状。茎部扁平，有两道凹槽。剑格扁圆形，饰涡纹。

❧ 双环首夔龙纹柄铜短剑

春秋中晚期至战国早期（前 670～前 377 年）
鄂尔多斯地区征集
鄂尔多斯市博物院藏

双环首，翼状剑格，狭长剑身。环上饰联珠纹，柄部饰上下两只夔龙纹。

❧ 铜短剑

春秋中晚期至战国早期（前 670～前 377 年）
鄂尔多斯地区征集
鄂尔多斯市博物院藏

剑首为双鸟头组成的环形，柄部两侧起棱，剑格下斜外突，呈翼状。剑身狭长，中部起脊。

➷ 三马纹柄青铜刀

西周至春秋早期（前 1046～前 671 年）
鄂尔多斯地区征集
鄂尔多斯市博物院藏

环首，柄部有三匹马做装饰。

根据其管状的造型和大小，推测可能是古人用来盛
放骨针等小工具的针筒类器具。

➷ 马纹铜管饰

春秋战国（前 770～前 221 年）
鄂尔多斯地区征集
鄂尔多斯市博物院藏

根据其管状的造型和大小，推测可能是古人用来盛
放骨针等小工具的针筒类器具。

🔹 铃首曲刃短剑

春秋（前 770 ~ 前 476 年）
鄂尔多斯地区征集
鄂尔多斯市博物院藏

由剑茎、剑身两部分组成。剑茎为圆柱
形，茎首端铸一圆铃，侧壁镂有十分规
整的纵向长孔。剑身宽扁，为曲刃造型，
剑锋长锐；前段叶刃弧曲，后段叶刃宽
平，叶尾渐收成斜直的剑格。

这种形式的青铜短剑特征突出，造型分
明，在内蒙古东南部地区以夏家店上层
文化为代表的文化人群中颇为流行，但
也存在较为明显的差异，代表着同而存
异的鲜明特征。

🔹 几何纹柄铜短剑

战国（前 476 ~ 前 221 年）
鄂尔多斯地区征集
鄂尔多斯市博物院藏

椭圆形剑首左右略突出，剑首顶部有孔；
剑柄扁圆，剑首至剑柄依次装饰四组规
则的几何纹饰；剑格向外突出，呈双虎
蹲踞造型，虎首朝向剑身，耳、目、鼻
圆润清晰。剑身宽短，中部起脊，中脊
两侧有微微凸起的侧脊。

🔹 青铜矛

战国（前 476 ~ 前 221 年）
鄂尔多斯地区征集
鄂尔多斯市博物院藏

柄部带有双耳，刃部锋利，表面有一凸棱。

➥ 几何纹金臂钏

战国中期（前 376～前 277 年）
鄂尔多斯地区征集
鄂尔多斯市博物院藏

块形筒状，采用锤揲工艺在将金钏做出宽窄不等的
凹槽，表面凸起部分为素面，凹槽部分作为框线，
以累丝工艺将金丝编成辫股状作为装饰，累丝框线
内镶嵌波浪状的金片。整体凹凸相间，纹饰繁简相
当，光泽明暗交错，显得富贵辉煌。

臂钏是少数民族常用的一种饰物，也是一种财富的
象征，带有浓厚的游牧文化色彩。草原上的女性裸
露双臂，浑圆修长的上臂配饰臂钏，更显其健美丰
韵的曲线魅力和粗犷豪放的民族性格。后来受到儒
家文化的影响，张扬粗犷、充满游牧民族特色的臂
钏逐渐转变风格，做工更加繁复、精致，女性配饰
显得温婉、美丽。苏东坡有诗："夜来春睡浓于酒，
压褊佳人缠臂金。"

➔ 铜鍑

春秋后期（前 570 ～前 477 年）
鄂尔多斯地区征集
鄂尔多斯市博物院藏

敛口，圆鼓腹，圜底，环形立耳，喇叭形高圈足。
圈足上有两个小孔。

❧ 青铜带具

—

战国（前 476 ~ 前 221 年）
鄂尔多斯地区征集
鄂尔多斯市博物院藏

—

由饰牌和带链组成。饰牌均长方形，表面装饰有相
背的兽首图案，一饰牌留有半圆形扣环，用来两饰
牌的扣合固定。

⤷ 鹤嘴斧

春秋中期至战国中期（前 670 ～前 277 年）
鄂尔多斯地区出土
鄂尔多斯市博物院藏

体略呈圆柱状，前端细长，喙状尖；后端略短粗，
多扁喙刃，中部鼓凸，有用于安装柄的椭圆形銎。
侧面观之，与鹤的头部十分相似，故名，是一种具
有相当威力的装柄使用的喙击工具。

❧ 虎头纹铜戚

春秋晚期（前 570 ~ 前 477 年）

鄂尔多斯地区征集

鄂尔多斯市博物院藏

整体为管銎直内戈状。援部平直，弧直刃，椭圆形
长管状銎，銎的侧面有圆形小孔，内部装饰虎首纹。

❧ 双虎头铜杖首

战国（前 476 ~ 前 221 年）

鄂尔多斯地区征集

鄂尔多斯市博物院藏

整体略呈圆柱状，中部有方形銎，銎上有穿，銎两
端为浮雕的虎首造型。

➲ 虎噬羊形金饰片

战国中晚期（前 376 ~ 前 221 年）

鄂尔多斯地区征集

鄂尔多斯市博物院藏

—

薄金片压制而成，作猛虎吞噬幼鹿的形象。

➲ 虎咬鹿纹金饰件

战国（前 476 ~ 前 221 年）

鄂尔多斯地区征集

鄂尔多斯市博物院藏

—

薄金片压制而成。圆角长方形，表面作猛虎撕咬鹿兽的
图案。由四角的钉孔判断，其应是固定或缝缀在器物表
面的装饰。

骆驼形金饰片

—

战国（前 476 ～ 前 221 年）

鄂尔多斯地区征集

鄂尔多斯市博物院藏

—

金片制成。整体呈双峰骆驼造型，抬头向前，驼尾
上扬，形态写实而静谧。

❧ 嵌绿松石马首形金饰件

—

战国（前 476 ～ 前 221 年）

鄂尔多斯地区征集

鄂尔多斯市博物院藏

—

圆形，中部凸起并有内折线。自顶部至下缘依次镶嵌有数目不等的绿松石，形态各异，装饰华美。

❧ 六鸟首纹金泡饰

—

春秋战国（前 770 ～ 前 221 年）

鄂尔多斯地区征集

鄂尔多斯市博物院藏

—

圆泡形。正面饰六只鸟首，向内聚成六瓣花形。鸟首尖喙，圆眼，边缘一周为花瓣状。

❧ 双鹿纹金饰件

—

战国（前 476 ～ 前 221 年）

鄂尔多斯地区征集

鄂尔多斯市博物院藏

—

金饰件是利用小金片锤揲而成的。饰片大体近正方形。正面锤揲出来的图案略呈浅浮雕形式，主体图案是两只交颈侧卧的鹿，突出表现了鹿首、鹰喙、马身、马尾等，制作精湛，刻画入微。上面还装饰有连续的鹰首纹样，画面饱满充实，充满了生机。

虎形金饰片

战国（前 476 ~ 前 221 年）
鄂尔多斯地区征集

整体作猛虎前行的形象。猛虎昂首前视，步态稳
健，尽显王者霸气。利齿、鬃毛、虎爪等细节表现
细致而真实，充满了写实风格。

➔ 立牛形金饰件

战国（前476～前221年）

鄂尔多斯地区征集

鄂尔多斯市博物院藏

—

野牛形状，牛角粗大，向外弯曲耸立，立耳圆目，直视前方，脖颈处长毛低垂，脊背高高隆起，蹄骼粗壮有力，牛尾自然下垂，神情闲适怡然。牛身四周鼻、角、臀、尾、蹄等处有小孔，便于缝缀装饰。

➔ 虎纹条形金饰件

战国（前476～前221年）

鄂尔多斯地区征集

鄂尔多斯市博物院藏

—

饰件呈长条形，两端为圆环形，近边缘处有一小孔。锤揲而成，表面锤出对称的浅浮雕式图案，为匍卧的两只猛虎虎头相对，怒目昂头，龇嘴露齿。虎背上长长的鬃毛向下自然飘垂，虎爪非常锋利，长尾至足。虎背至足部还装饰有其他动物形象。根据两个长长的弯角判断，可能是与猛虎缠斗的肉食动物。

这件金质条形饰件应是固定在木质车具上的装饰品。使用金、银等质地锤揲制造成装饰性用具是中国北方草原地区较为流行的做法，生动反映了当时北方草原地区的生活风貌。

✦ 双兽纹金饰片

战国晚期（前 276 ~ 前 221 年）

鄂尔多斯市准格尔旗西沟畔墓地出土

鄂尔多斯市博物院藏

整体呈长方形薄片，周边锤揲出单线条边框，框内
是锤揲成的左右两只背靠背对称的双兽。边框四角
各有一个圆孔，用以固定金片。兽前肢前后交错，
后肢半蹲，弓着背似缓步行走。兽首向后回望，尾
巴翘起，分为两节饰成。纹饰整体流畅舒缓，美观
大气，做工精致，栩栩如生。

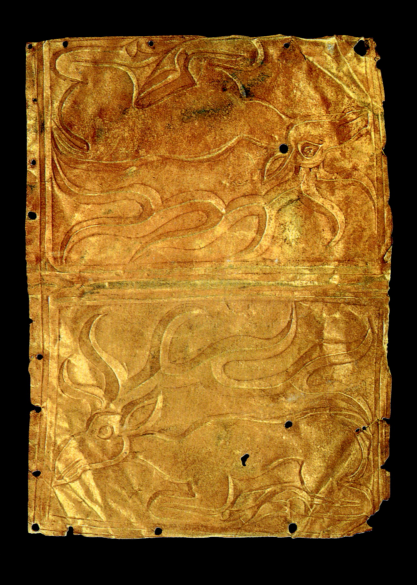

❧ 大角鹿纹金饰片

战国晚期（前 276 ~ 前 221 年）
鄂尔多斯市准格尔旗西沟畔墓地出土
鄂尔多斯市博物院藏

长方形。主题纹饰作左右相背的大角鹿形象。

整体呈梯形。表面压印有格里芬式神兽纹样，鸟
首，狮身，虎尾。左右边框处还压印有连续的折线
三角纹样。

❯ 神兽纹金饰片

战国晚期（前 276 ~ 前 221 年）
鄂尔多斯市准格尔旗西沟畔墓地出土
鄂尔多斯市博物院藏

整体呈梯形。表面压印有格里芬式神兽纹样，鸟
首，狮身，虎尾。左右边框处还压印有连续的折线
三角纹样。

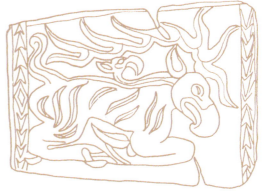

虎咬鹿纹银饰牌

战国晚期（前 276 ~ 前 221 年）
鄂尔多斯市伊金霍洛旗石灰沟出土
鄂尔多斯市博物院藏

—

饰牌整体造型是一只类高浮雕的伫立猛虎，虎威风
凛凛，圆耳直立，瞪目张嘴，露出锋利的牙齿，虎
尾自然下垂。吻部抵在一只匍匐状鹿的头顶部，一
只前肢踩在鹿背上。鹿的两前肢向前平伸，在虎的
踩踏下，与头部紧紧挤压在一起，表现出一种恐
惧、无奈的垂死神态，生动再现了大草原上弱肉强
食的悲烈气氛。

➧ 双虎咬斗纹银扣饰

战国晚期（前 276 ～ 前 221 年）
鄂尔多斯市伊金霍洛旗石灰沟出土
鄂尔多斯市博物院藏

一左一右两只老虎，相向拥颈，双首相贴，前爪互
搭在对方的颈部和肩部。后肢侧身，腰部扭转处设
计成圆孔形，充满了力量感。尾部盘绕后脊，尾上
饰联珠纹。此幅画面生动地再现了幼虎嬉戏耍逗的
场景，既有猛虎搏斗时的动感，又有幼虎玩耍时圆
眼圆耳的俏皮。

❧ 双鹰搏驼纹金饰片

———

战国（前 476 ~ 前 221 年）

鄂尔多斯地区征集

鄂尔多斯市博物院藏

饰牌先锤揲成金片，再模压成型。背面有铁锈痕迹，应是曾包裹铁芯。正面边框饰排列整齐的十二只鹰首纹，只表现鹰喙。内框中心为骆驼，双峰高耸，头伸至腹下，四肢弯曲，作躲避雄鹰袭击状。驼左右各有一鹰，抖翅扑啄，伸喙扑啄驼的颈部和臀部。鹰纹神态逼真，呈半浮雕效果，写实性很强。翱翔草原的雄鹰与温顺的骆驼交锋，表现出北方草原独特的生态环境风貌。

❧ 红玛瑙金耳环

———

战国晚期（前 276 ~ 前 221 年）

鄂尔多斯地区征集

鄂尔多斯市博物院藏

圆形耳环，下接玛瑙坠饰。

➦ 嵌宝石虎鸟纹金饰牌

—

战国晚期（前 276～前 221 年）

鄂尔多斯市杭锦旗阿鲁柴登出土

内蒙古博物院藏

➥ 靴底形银饰片

战国晚期（前 276 ～前 221 年）
鄂尔多斯市伊金霍洛旗石灰沟出土
鄂尔多斯市博物院藏

整体呈靴底造型，银片压制而成，由周遭的小钉孔
推测，应是缝缀在鞋底的装饰饰件。

❧ 鎏金人牛搏斗纹铜饰牌

战国（前 476～前 221 年）
鄂尔多斯地区征集
鄂尔多斯市博物院藏

饰牌呈长方形，一侧半圆小环突出，成系挂孔。主
体是人和牛搏斗的纹饰，纹饰形象表情生动逼真，
栩栩如生。饰牌从工艺特点、用途、纹饰内容和人
物形象等方面都具有北方草原的鲜明特征，体现游
牧文化风格。

❧ 鎏金神兽纹铜饰牌

战国晚期（前 276～前 221 年）
鄂尔多斯地区征集
鄂尔多斯市博物院藏

长方形，鎏金工艺，呈镂空浮雕效果。边框内一只
奔马形动物，腰臀部朝上翻转，头顶长有大角，分
为多枝，每个分枝端装饰尖喙禽首。据饰牌构图和
动物形制来判断，这类青铜器正是欧亚草原丝绸之
路上文化交流、融合的产物。

➜ 鹰顶金冠

战国晚期（前 276 ～前 221 年）

鄂尔多斯市杭锦旗阿鲁柴登出土

内蒙古博物院藏

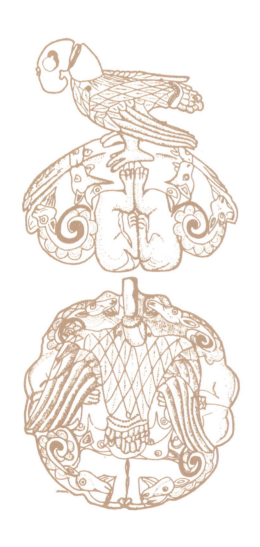

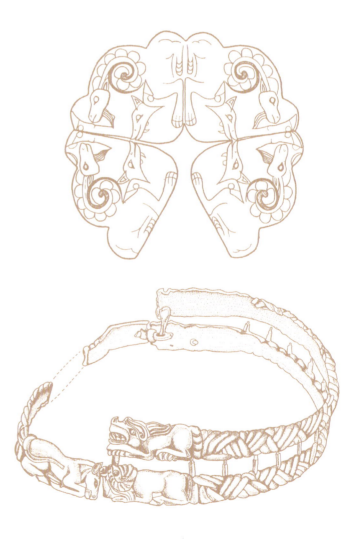

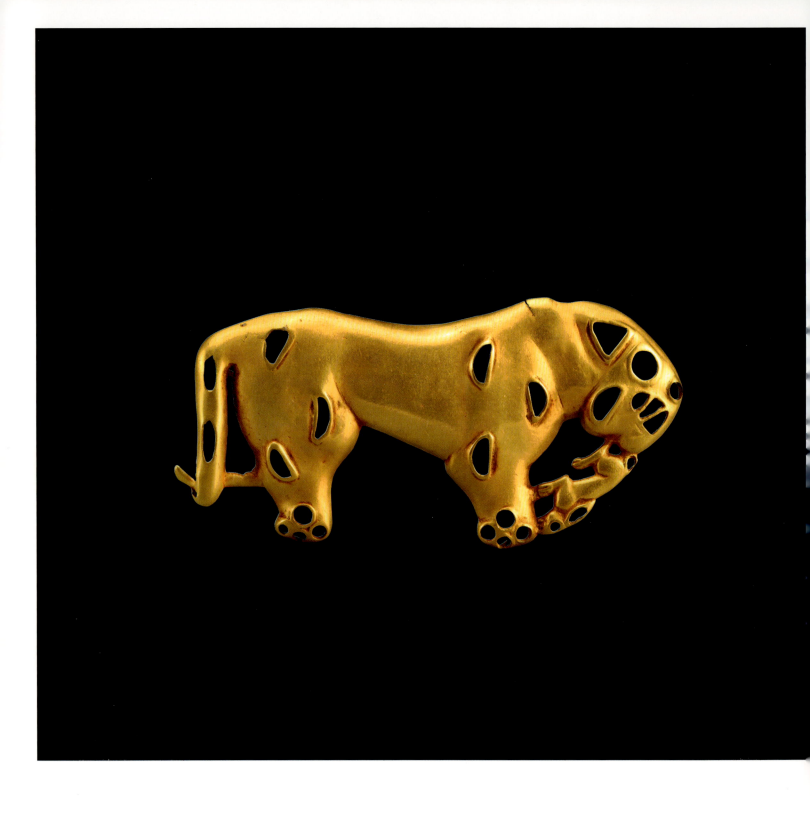

◆ 虎噬鹿形金饰牌

战国（前 476 ~ 前 221 年）
鄂尔多斯地区征集
鄂尔多斯市博物院藏

饰牌为虎衔兔形。巨大的猛虎昂首弓背，虎尾自然下垂。虎口下衔一只兔。虎和兔的耳朵、眼睛、虎爪等身体多处有圆形或椭圆形的镂空，像是镶嵌装饰品而用。虎形金饰牌属于鄂尔多斯青铜器中的一类。

四虎噬牛纹金饰牌

战国晚期（前 276 ～前 221 年）

鄂尔多斯市杭锦旗阿鲁柴登出土

内蒙古博物院藏

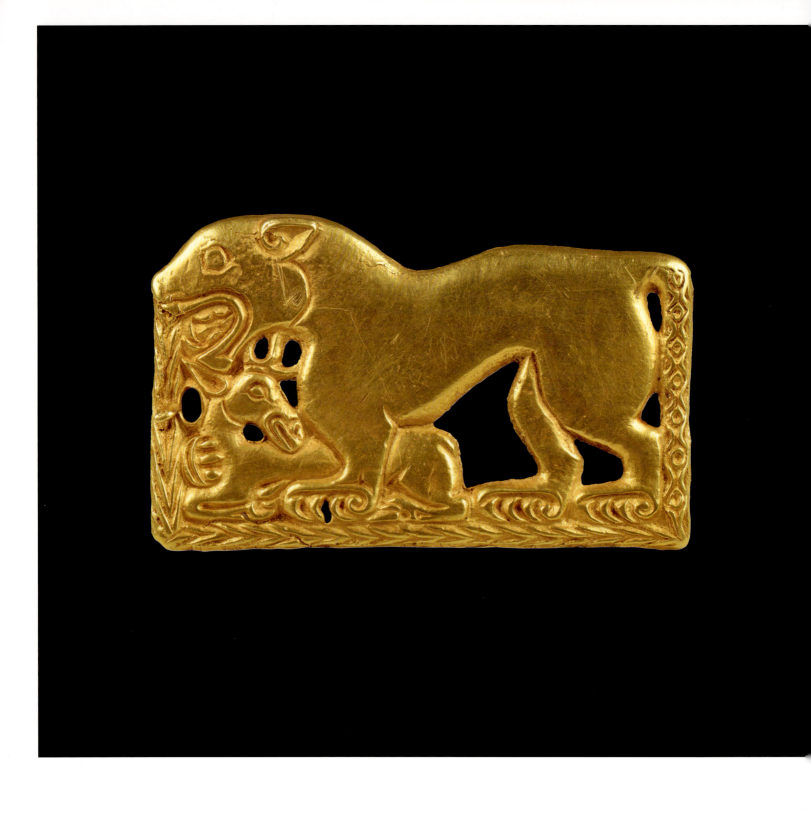

➡ 虎噬鹿纹金饰牌

战国晚期（前 276 ~ 前 221 年）

鄂尔多斯地区征集

鄂尔多斯市博物院藏

➜ 虎狼咬斗纹金饰牌

战国晚期（前 276 ~ 前 221 年）
鄂尔多斯市东胜区碾房渠窖藏出土
鄂尔多斯市博物院藏

➥ 鎏金怪兽咬马纹铜饰牌

战国晚期（前 276 ~ 前 221 年）

鄂尔多斯地区征集

鄂尔多斯市博物院藏

长方形。边框四周饰绳索纹。主体纹饰为浮雕的两
只上下相对的卧马，两马吻部相抵，鬃毛竖起。另
有两只长耳吻部上卷的神兽分别噬咬着马的背部。

❥ 鎏金双马纹铜饰牌

战国晚期（前 276 ~ 前 221 年）
鄂尔多斯地区出土
鄂尔多斯市博物院藏

长方形，边框作绳纹或禾穗纹。框内装饰有对称的
双马图案，双马匍卧，相互尾对，马头高抬，身躯
翻转，向上扭肢，姿态优美，线条流畅。

❥ 虎纹青铜饰牌

战国中晚期（前 376 ~ 前 221 年）
鄂尔多斯地区征集
鄂尔多斯市博物院藏

长方形。框饰绳索纹，内透雕猛虎侧立造型。虎昂
首，圆目大睁，张口，曲颈，拱背，前肢匍匐着
地，后肢站立，尾巴上卷，作蓄势待发状。画面传
神地再现了猛虎猎食时凝视猎物、警觉匍匐前行的
专注形象。

➥ 怪兽咬斗纹青铜饰牌

—
战国中晚期（前 376 ~ 前 221 年）
鄂尔多斯地区征集
鄂尔多斯市博物院藏

—
铜鎏金工艺。略呈长方形。饰牌正面图案为三个神
兽嬉戏、咬斗的场景。这种用鹰、狮、虎等不同动
物组合起来的新型神兽特征非常鲜明，是先秦时期
和两汉时期欧亚草原地区非常流行的器物，学界通
常称之为"格里芬式怪兽"。

➷ 双马咬斗纹铜饰牌

—

战国晚期（前 276 ~ 前 221 年）

鄂尔多斯地区征集

鄂尔多斯市博物院藏

长方形边框。主体透雕成两马嬉咬撕扯的图案。双马均四肢微蹲屈：右马弯身低头呈前探状，咬住左马的前肢；左马则噬咬右马的背身，动感十足。图案的四周点缀树石等纹样。画面布局合理，比例适中，线条简洁流畅。

❧ 鎏金卧熊纹铜饰牌

春秋战国（前 770 ~ 前 221 年）
鄂尔多斯地区征集
鄂尔多斯市博物院藏

长方形。主体纹饰是两只匍匐侧卧的熊，左侧熊立
耳垂首，右侧熊回首望向后方；上方为成排的马首
造型。熊是森林草原动物，出现在鄂尔多斯青铜器
上，对于我们了解当时的生态环境等具有十分重要
的意义。

❧ 鎏金童拥骆驼纹铜饰牌

春秋战国（前 770 ~ 前 221 年）
鄂尔多斯地区征集
鄂尔多斯市博物院藏

牌饰呈浮雕效果。双峰驼屈肢而卧，昂首，嘴微
张。驼背双峰间侧坐一孩童，双手拥着驼峰，喜笑
颜开。牌饰真实地反映了草原牧民温馨的日常生活
场景。

❧ 三虎嬉戏纹铜饰牌

战国早中期（前 476 ~ 前 277 年）

鄂尔多斯地区征集

鄂尔多斯市博物院藏

模范铸造而成，四周没有边框，是根据动物的具体形态而制作的。饰牌图案表现的是三虎嬉咬的瞬间。老虎等猛兽一般是北方草原游牧民族常用的艺术题材，这件饰牌没有表现猛兽的凶狠威猛，只是将草原上猛兽间的温情一面完美表现了出来，显得十分温馨、深情。

❧ 鎏金人驼虎纹铜饰牌

战国（前 476 ~ 前 221 年）

鄂尔多斯地区征集

鄂尔多斯市博物院藏

纹饰分人、虎、驼三部分；右侧为一立虎，躬身垂首，立耳圆目，长唇上翻；虎后为一骆驼，引颈张口，正咬噬虎的后背；驼峰后侧一人双手扶峰，仅露头部，似躲在骆驼身后逃避危险。画面右上还有勾连状的鹰首动物。

⮱ 鎏金三羊纹铜饰牌

战国（前 476 ~ 前 221 年）
鄂尔多斯地区征集
鄂尔多斯市博物院藏

长方形，浮雕效果，边框为两周绳索纹，主体纹饰为
并列的三只大盘角羊，羊首上扬，后绕至鼻翼，神态
淡定自若。

⮱ 虎噬鹿形铜饰牌

战国早中期（前 476 ~ 前 277 年）
鄂尔多斯地区征集
鄂尔多斯市博物院藏

立体效果。左侧猛虎呈蹲踞状，右前爪按压鹿背，
张口吞噬鹿首；鹿已毫无抵抗之力，任凭猛虎撕
咬。此饰牌形象地再现了草原上弱肉强食的场景。

➋ 鹿形立体动物饰

—— 战国晚期（前276～前221年）

鄂尔多斯地区征集

鄂尔多斯市博物院藏

鹿头微昂，双眼圆睁，作远眺状；两耳竖立，双角后伸，长角分做数枝；前肢盘曲，后肢蹲卧。胸、臀部肥硕，腰部细瘦，腹部中空。卧鹿造型饱满生动。

北方早期畜牧民族盛行用马、牛、羊随葬的习俗，随葬牲畜的多少，代表了他们生前的社会地位和所拥有的财富。这些用青铜鹿、羊等饰物，应该是社会进步后在随葬品方面的具体表现。

❧ 鹿形立体动物饰

战国晚期（前 276 ~ 前 221 年）
鄂尔多斯地区出土
鄂尔多斯市博物院藏

➲ 青铜鹿

战国（前 476 ~ 前 221 年）
鄂尔多斯市准格尔旗与东胜区出土
鄂尔多斯市博物院藏

➲ 鹿形立体动物饰

战国晚期（前 276 ~ 前 221 年）
鄂尔多斯地区征集
鄂尔多斯市博物院藏

鹿形立体动物饰。鹿耳直立，鹿眼圆睁，鹿尾下垂。线条流畅，刻画细致，表现出了鹿的矫健与机敏，为青铜立体动物中的精品。

➷ 神兽咬斗纹金饰牌

—

战国（前 476 ~ 前 221 年）

鄂尔多斯地区征集

鄂尔多斯市博物院藏

长方形。外有绳索纹边框。内部铸成双兽咬斗纹饰。左侧兽直立，虎身，鸟首，钩喙，长尾，尾端饰小鹰首；右侧兽虎首，羊角，后腿站立，张开大口深噬咬左兽背部，露出锋锐的牙齿，甚为威猛。

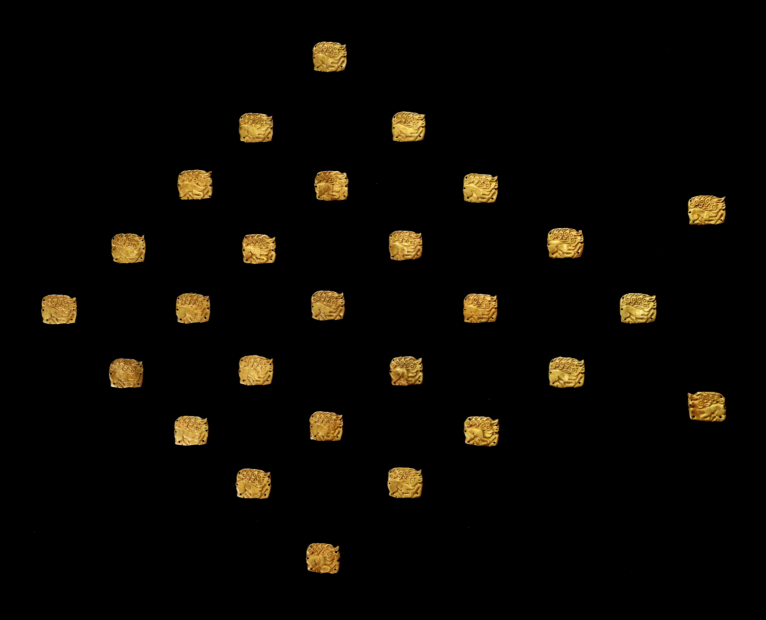

❥ 鹿纹金饰件

—

战国（前 476 ~ 前 221 年）
鄂尔多斯地区征集
鄂尔多斯市博物院藏

—

一组。造型为卧鹿。鹿头微昂，鹿角直延续至背后，
前肢一条向前弯屈，一条叠压屈于后肢之上。

鹿形金饰片

战国（前 476 ～前 221 年）

鄂尔多斯地区出土

金片压制而成。造型呈大角鹿形，昂首前视，枝状

大角向后弯曲，四肢俯卧，形态静谧。

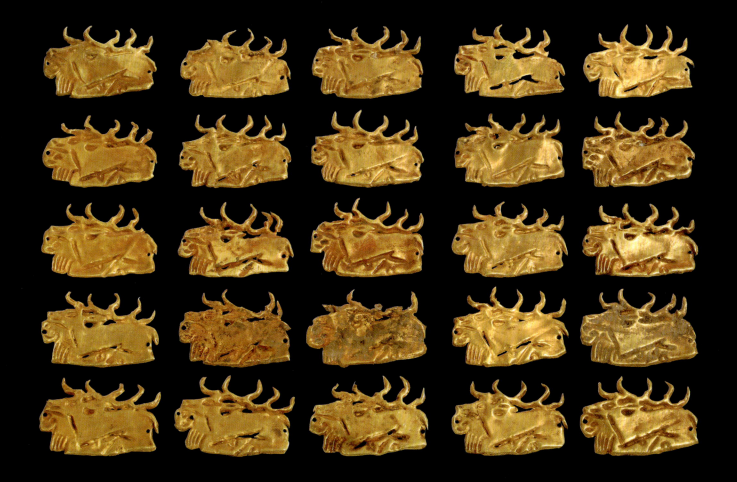

❧ 双马首铜斧

—

战国（前 476 ~ 前 221 年）
鄂尔多斯地区征集
鄂尔多斯市博物院藏

—

身呈长方形，纵向截面呈"V"形。顶端有圆角方
形銎口，双锋，弧刃。銎口处装饰相背的双马首造
型，銎口下方设有便于钉铆的穿孔。

⚡ **熊形铜饰件**

战国（前 476 ~ 前 221 年）
鄂尔多斯地区征集
鄂尔多斯市博物院藏

立体青铜熊，呈俯首状，熊耳、熊眼清晰可辨，熊嘴微张，四肢直立。整件器物线条流畅，造型生动。

⚡ **双豹形青铜饰件**

西周早期（约公元前 1000 年）
鄂尔多斯地区征集
鄂尔多斯市博物院藏

中空。造型为两只呈飞奔状的豹子形态。两豹相对，四足分张；前半身向外弧出，呈奋力状；吻部相对，宽吻，环眼，立耳，背部鬃毛整齐；后半身略简化，股部和长尾刻画清晰。双豹内部四爪接触，形成一个闭合的圆环，上下贯通，推测其应是中间安装木柄的杆头饰之类的器物。

❥ 青铜大角羊

春秋（前 770 ~ 前 476 年）
鄂尔多斯地区征集
鄂尔多斯市博物院藏

这件立体青铜大角羊，羊角高耸后弯，尾部饰一只
鸟的形象。羊背部饰一环形。整件器物生动传神。

⚘ 双熊首青铜牌饰

战国（前 476 ~ 前 221 年）

鄂尔多斯地区征集

鄂尔多斯市博物院藏

长方形，浮雕效果。中间有两熊上下并列，
四周及边框饰有连珠纹。

⚘ 牛形青铜马镳

西周（前 1046 ~ 前 771 年）

鄂尔多斯地区征集

鄂尔多斯市博物院藏

洛雷斯坦青铜器。带有强烈的域外风格，造型颇具
艺术性。

第二章
中原王朝的经略区域
（秦汉至隋唐时期）

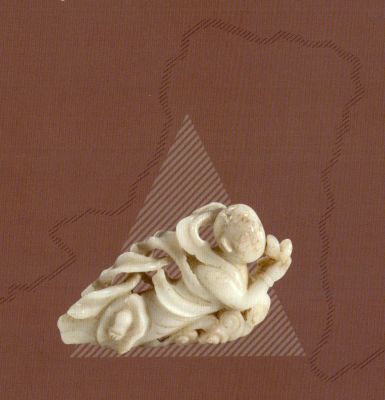

　　战国中晚期，随着北方游牧化进程的加剧以及中原诸侯的不断北进，为长城南北经济文化的分野准备了条件。秦汉以后，中原农耕社会与匈奴游牧"行国"围绕着长城进行了包括对峙纷争、和亲互市、内附融合等多种形式的交往交流，农耕与游牧经济的互补性再次凸显并推动着中华文明的向前发展。到了魏晋南北朝时期，多民族的社会形态又为民族融合、文化交流与社会发展提供了难得的契机与活力，并为隋唐时期多民族与多元文化的融合发展奠定了坚实的基础。而位于长城脚下、黄河环抱中的鄂尔多斯，也在这一社会律动中，为经济、政治与文化的发展做出了重要贡献。

第一节
交流交融的纽带
（秦汉时期）

为了抵御匈奴的侵扰，秦始皇统一中原后，派蒙恬"将兵三十万北击胡，略取河南地"。此后，又从内地迁徙大批移民到此垦田耕植，广筑县城，并修直道"自九原直抵云阳"。西汉前期，面对强大的匈奴势力，被迫采取"和亲""输贡"的策略，以求"休养生息"。

从汉武帝开始，更在黄河河套地区广置郡县、大行垦殖，并多次出塞攻击匈奴。中原王朝与匈奴的种种博弈，不仅为北方地区的经济社会发展注入了活力，也为中华文明提供了源源不断的新鲜血液和文化滋养。

▼ 秦直道遗址

一 长城与边郡的设置

　　秦王朝建立后，连接起战国秦、赵、燕时期的长城，修筑起东起山海关、西至嘉峪关的万里长城，并在黄河河套等区域广置郡县、戍边实塞，使"河南地"发展成为"新秦中"。入汉以后，中原王朝更是在原有长城的基础上再筑"外长城"，使长城的军事防御体系更加完备。有汉一代，这里既是中原王朝屯田治理、戍边垦殖的边塞重地，也是汉匈关下互市、受降匈奴放牧自养的家园。匈奴文化在这里与中原文明交流互鉴，融合发展，谱写出一曲曲绚丽多彩的交融乐章。

▼鄂托克旗乌仁都西秦长城遗址

♣ 铜扁壶

—

秦（前 221 ～前 206 年）

鄂尔多斯地区征集

鄂尔多斯市博物院藏

—

鱼形嘴，细长颈，扁腹，高圈足。肩部置两个对称的铺首衔环耳。

⟁ 青铜剑

秦（前 221～前 206 年）

鄂尔多斯地区征集

鄂尔多斯市博物院藏

圆首，剑茎呈圆柱状，中空。剑身宽短，较扁平，
薄脊，剑格截面呈菱形。

⟁ 铜釜

秦（前 221～前 206 年）

鄂尔多斯地区征集

鄂尔多斯市博物院藏

侈口，长颈，溜肩，鼓腹，圜底。腹部一侧置一
个较大的环形把。

❧ 铜蒜头壶

—

秦（前 221 ~ 前 206 年）

鄂尔多斯地区征集

鄂尔多斯市博物院藏

—

小口，口沿外侧有蒜头瓣形装饰，细长颈，扁鼓腹，下接圈足。颈中部有一圈凸棱。

❧ 铜蒜头壶

➲ 错金银铜弩机

—

西汉（前 206 ~ 25 年）
鄂尔多斯市东胜区出土
鄂尔多斯市博物院藏

—

弩是古代的远射兵器，弩机是其击发机械装置。此
青铜弩机郭、牙、悬刀和望山等俱存，是研究汉代
弩及弩机构造的重要实物资料。

❥ 云纹瓦当

西汉（前 206 ~ 25 年）
鄂尔多斯市准格尔旗十二连城出土
鄂尔多斯市博物院藏

泥质灰陶。圆形，当面中央有乳丁纹及圆圈纹，
外围以界线分四组，饰简化的对称云纹及乳丁纹。

⤷ 陶鼎

西汉（前 206 ~ 25 年）
鄂尔多斯地区征集
鄂尔多斯市博物院藏

覆钵形弧顶盖，盖上无纽；鼎子口内敛，折肩，
弧腹，圜底；兽形足，口沿外侧附加"冂"字形对
称双立耳。鼎盖、鼎身饰有压印纹。

➴ "长乐未央" 方砖

西汉（前 206 ～ 25 年）
鄂尔多斯市准格尔旗十二连城出土
鄂尔多斯市博物院藏

方形，以界栏均分四格，篆书"长乐未央"四字阳
文；中央及外围饰有乳丁纹。

➡ 中阳铜漏（复制品）

—
西汉（前 206 ~ 25 年）
鄂尔多斯市杭锦旗阿门其日格出土
鄂尔多斯市博物院藏

—
铜漏为沉箭式计时工具。此件为原样复制品，原
件现收藏于中国国家博物馆。

人形足铜鼎

西汉（前206～25年）
鄂尔多斯地区征集
鄂尔多斯市博物院藏

侈口，平折沿，弧腹斜收，平底，设三个立人形
足。腹侧有兽首衔环，腹饰有数周弦纹。

⊙ 青铜提链罐

西汉（前 206 ～ 25 年）
鄂尔多斯地区征集
鄂尔多斯市博物院藏

直口，短颈，溜肩，圆鼓腹，圜底；腹部附链式
提梁。

❧ 兽首铜盉

—

西汉（前 206 ～ 25 年）
鄂尔多斯地区征集
鄂尔多斯市博物院藏

—

盉身呈扁圆形。直口，矮直颈；扁圆形鼓腹，圜底；腹下附兽首状足。盖微曲，带纽，饰有镂空式花纹。盉体腹部一侧置鸟首状短流，另一侧置管状鋬。该盉整体表面光洁，装饰简约大气。

➷ 雁形铜熏炉

西汉（前 206 ~ 25 年）
鄂尔多斯市东胜区漫赖古城出土
鄂尔多斯市博物院藏

熏炉为昂首的大雁形，腹体中空并有镂孔盖，香
烟可以从雁体中腾出，造型生动，形象传神。

八角花瓣纹银碗

安息王朝（前247～224年）
鄂尔多斯地区征集
鄂尔多斯市博物院藏

银质。敞口，斜弧壁，浅腹。内壁饰有内凹花瓣
纹，外壁凸出花瓣形成银碗支脚。此碗构思巧妙，
简约大气。

⟡ 青铜甗

西汉（前 206 ~ 25 年）
鄂尔多斯地区征集
鄂尔多斯市博物院藏

—

此甗由上甑下釜两部分组成。釜侈口，高领，扁
圆腹，圜底。肩部设两个对称的环形器耳。

→ 铜灶

西汉（前 206 ～ 25 年）
鄂尔多斯市杭锦旗出土
鄂尔多斯市博物院藏

长椭体，四兽足，为一大四小的五眼铜灶。

➷ 彩绘骨尺

—

西汉（前 206 ~ 25 年）

征集

鄂尔多斯市博物院藏

—

骨尺，长条形，一侧有圆形穿孔，表面饰有彩绘图案。

秦汉时期，中原王朝与匈奴之间可谓既有战争的激烈碰撞，也有奉使互访、和亲往来，更有官商民市、贡赋馈赠等形式的经济交往。宁胡阏氏王昭君从今鄂尔多斯渡过黄河走入广袤的北方草原，成就了传说千年的和亲故事。南匈奴单于庭设于美稷城140余载，让"河南地"响起高亢婉转的胡笳声。汉武帝派遣张骞"凿空"西域，打通了丝绸之路，为东西方通过更多渠道建立起官方的、持久的、规模化的经济文化交往交流交融奠定了坚实的基础。

▲ 昭君出塞图

🦎 石琀

西汉（前206～25年）

鄂尔多斯市杭锦旗乌兰陶勒盖墓地出土

鄂尔多斯市博物院藏

乳白色粗玉质。整体呈三角棱状。正面起脊，阴刻线，背面平。

琀，是一种殓葬器，为"九窍塞"之一，放在死者口中。此风始自春秋，汉代尤为流行，多取蝉形，寓复活再生之意。此琀刀法简洁，线条平直，为"汉八刀"雕法。

▼ 文姬归汉图

ꕮ 彩绘胡人俑

西汉（前 206 ～ 25 年）
鄂尔多斯市鄂托克前旗三段地墓地出土
鄂尔多斯市博物院藏

泥质灰陶，表面以白、黑等色彩绘。人物胡人形象戴头蓬，身披毡衣。据服饰推测其极可能是西汉时期内附汉王朝的北方游牧民族，是民族交往融合的有力说明。

执物俑

西汉（前 206 ~ 25 年）
鄂尔多斯市达拉特旗白泥井出土
鄂尔多斯市博物院藏

女性，作蹲踞状。着帽，头微倾，一手下伸上托，
一臂外展内揽，呈执箕状。

玉龙

西汉（前206～25年）
鄂尔多斯市杭锦旗乌兰陶勒盖墓地出土
鄂尔多斯市博物院藏

青玉质。龙首回望，龙尾回卷，前后肢舒展呈尖
状；龙身阴刻谷纹，状似龙鳞。首部、脊部有孔，
可穿缀为佩饰。

➍ 绿釉博山纹陶奁

西汉（前206～25年）
征集
鄂尔多斯市博物院藏

绿釉陶质。博山炉形盖，直口，筒式体，直壁，底部为三只熊形矮足，憨态可掬。腹部两条弦纹间饰以山林动物纹，清晰精美。炉盖做成博山形。通体施绿釉，莹润纯正，翠绿可人，属典型的"菠菜绿"。该奁品相完美，印纹清晰，是一件精美的汉代陶器珍品。

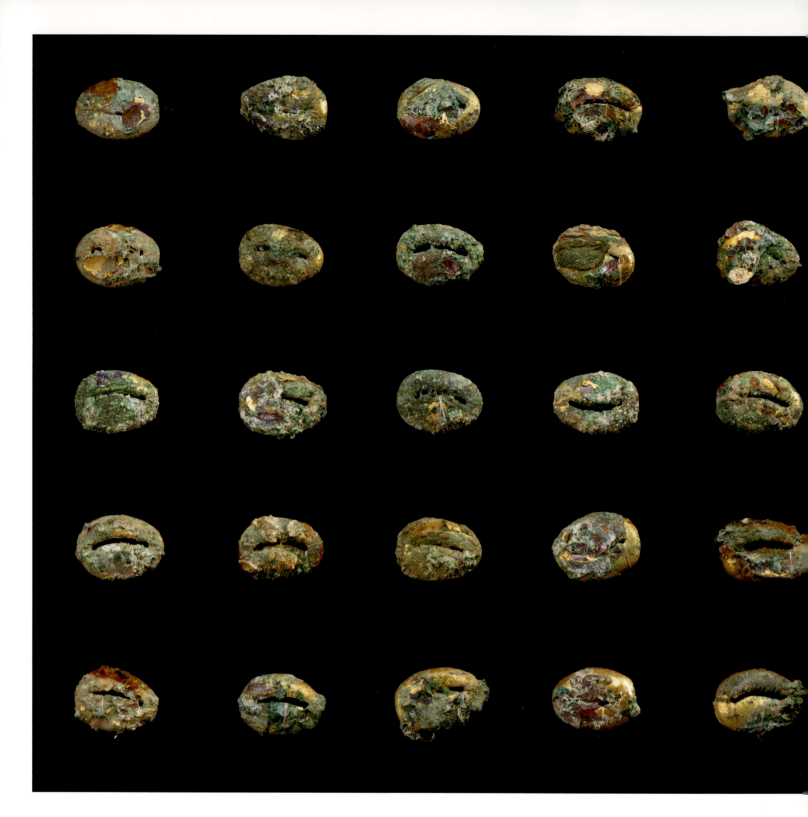

⤷ 包金贝币

西汉（前 206 ~ 25 年）

鄂尔多斯地区征集

鄂尔多斯市博物院藏

青铜质地，表面包金。形仿天然海贝，为中国古
代钱币的一种。

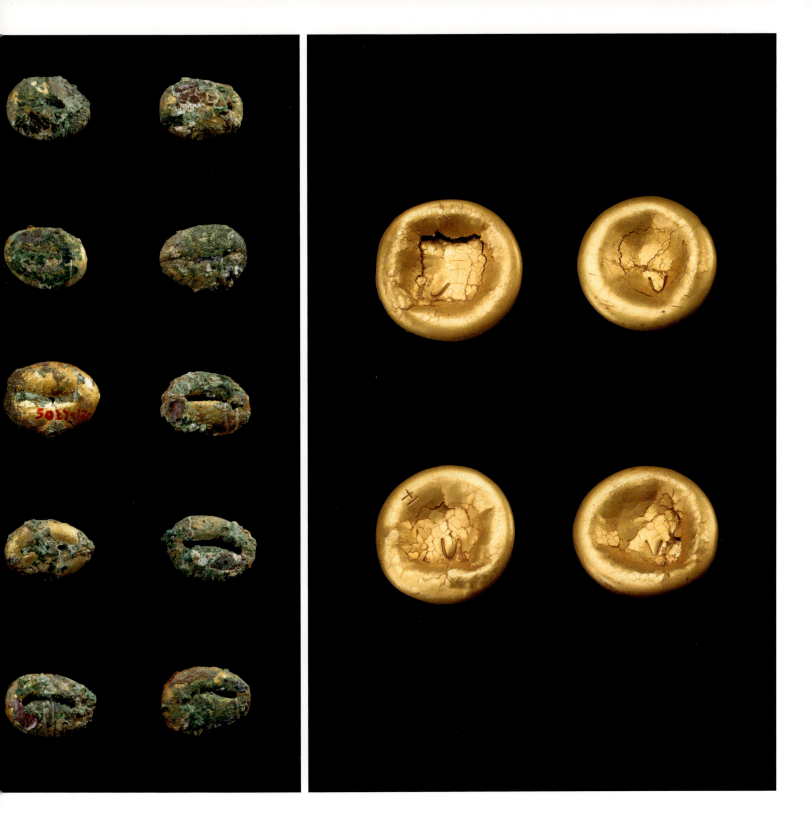

金饼（组图）

西汉（前206~25年）
征集
鄂尔多斯市博物院藏

黄金制成。圆形饼状。一面内凹，素面，有皲裂，压印有"V"等字符，其一押有"士"字；一面外凸，粗糙呈蜂窝状。

❧ 彩绘青铜壶

西汉（前206～25年）

鄂尔多斯市杭锦旗出土

鄂尔多斯市博物院藏

侈口，高领，溜肩，鼓腹，圈足。腹部两侧有兽
首衔环。通体绘有红、白、绿三色云气图案，线
条流畅，婉转自然。

⚘ 青铜钫

西汉（前 206 ~ 25 年）
鄂尔多斯市杭锦旗出土
鄂尔多斯市博物院藏

方形、弧壁。覆斗形盖，饰四兽纽；方直口，窄平沿内折；溜肩，腹微垂；高圈足微外撇。腹侧铆接铺首衔环一对。

钫即方形壶，用以盛酒浆或粮食，盛行于战国末至西汉初。

❥ 三足釜形杯

西汉（前 206 ~ 25 年）
鄂尔多斯市鄂托克前旗三段地汉墓出土
鄂尔多斯市博物院藏

侈口，束颈，鼓腹，圈底。口沿至腹部有桥形单
鋬，底部有三个乳丁状实足。

❧ 铭文灰陶罐

西汉（前 206 ~ 25 年）
鄂尔多斯地区征集
鄂尔多斯市博物院藏

泥质灰陶。敞口，亚腰形短颈，溜肩圆鼓腹向下
斜收，平底。腹部表面刻有铭文。

➤ 盘角羊纹包金带具

—

西汉（前 206 ～ 25 年）
鄂尔多斯市准格尔旗布尔陶亥公社西沟畔出土
鄂尔多斯市博物院藏

—

铁芯包金。一套4件，两两成对，分别由带饰和带
扣组成。锤揲成高浮雕和圆雕效果，刻画出伫立
的盘角羊造型，十分生动，羊的四周还衬卷云花
草图案，画面感十足。这件包金卧羊带具具有浓
郁的游牧文化风貌，但工艺和纹样又具有多元文
化特征，不同工艺集于一器证明着多元文化的交
融一体。

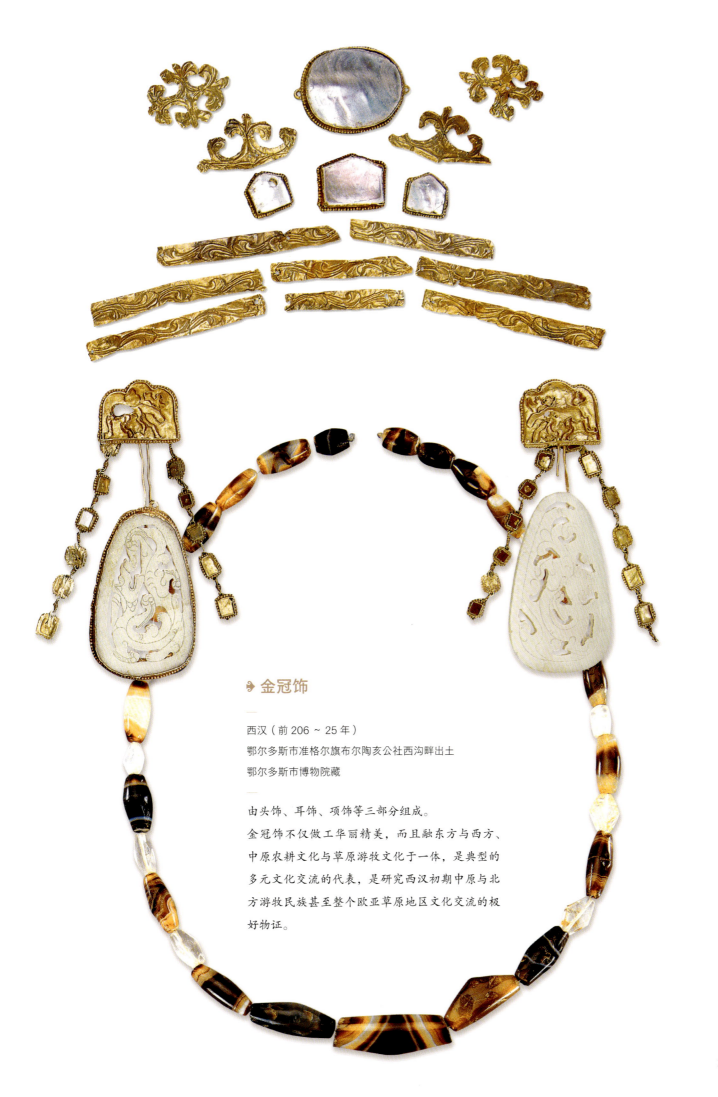

⚘ 金冠饰

西汉（前 206 ~ 25 年）
鄂尔多斯市准格尔旗布尔陶亥公社西沟畔出土
鄂尔多斯市博物院藏

由头饰、耳饰、项饰等三部分组成。
金冠饰不仅做工华丽精美，而且融东方与西方、
中原农耕文化与草原游牧文化于一体，是典型的
多元文化交流的代表，是研究西汉初期中原与北
方游牧民族甚至整个欧亚草原地区文化交流的极
好物证。

于西沟畔墓地，据研究墓地系游牧民族的文化遗
存，但这些出土的配饰却是典型的中原文化器物，
这种现象说明不同文化的交融与共生。

❧ 石佩饰

—

西汉（前 206 ～ 25 年）

鄂尔多斯市准格尔旗布尔陶亥公社西沟畔出土
鄂尔多斯市博物院藏

由石觽、石璜、石舞人、石环及石璧等配饰构成。
因其质地硬度和韧性不够，只能简单模仿玉器轮
廓和主体纹饰，镂孔较小，外形浑圆。配饰出土

❯ 错金青铜带钩

西汉（前206～25年）
鄂尔多斯地区征集
鄂尔多斯市博物院藏

琵琶形带钩，钩身错金，装饰龙形图案，钩首作
回首兽形，钩身背面有圆纽。

❧ 错金青铜带钩

西汉（前 206 ~ 25 年）
鄂尔多斯地区征集
鄂尔多斯市博物院藏

长条形。器身扁薄，钩端较短，钩首为动物头部
造型，钩身背面两端各有一圆形钩纽。钩身表面
错银，镶嵌绿松石。

❧ 嵌绿松石鎏金青铜带钩

西汉（前 206 ~ 25 年）
鄂尔多斯地区征集
鄂尔多斯市博物院藏

钩身呈琵琶形。钩面一侧虎兽相斗造型，另一侧
有圆形钩纽，勾首呈兽首状。

武士形青铜带钩

西汉（前206～25年）
鄂尔多斯地区征集
鄂尔多斯市博物院藏

整体作站立持杖人形，背部有圆形纽。此人形带
钩构思巧妙，融实用性与装饰性于一体。人物刻
画细致入微，生动有趣。

❧ 金手镯

战国（前 476 ~ 前 221 年）
鄂尔多斯地区征集
鄂尔多斯市博物院藏

纯金手镯。素面。环形，有口，开口处锤揲成扁三角状。

❧ 嵌绿松石金耳坠

西汉（前 206 ~ 25 年）
鄂尔多斯地区征集
鄂尔多斯市博物院藏

金耳钩下接嵌绿松石花瓣形坠饰。坠饰中间呈圆形，外接五片大小不一的花瓣，花瓣内嵌有绿松石。此耳饰为匈奴文化遗存。

☙ 草叶纹青铜饰牌

西汉（前 206 ～ 25 年）

鄂尔多斯地区征集

鄂尔多斯市博物院藏

长方形。中间图案似太阳纹，圆形凹面；四周有
水滴形放射状纹饰，两侧为弯月形和十字形纹样，
四隅装饰簇叶图案。饰牌边框装饰勾连形纹。

☙ 双牛纹青铜饰牌

西汉（前 206 ～ 25 年）

鄂尔多斯地区征集

鄂尔多斯市博物院藏

长方形，透雕效果。主题图案，牛头相对朝外，充
满静谧祥和的气氛。

❧ 鎏金双驼纹青铜饰牌

—

西汉（前 206 ~ 25 年）

鄂尔多斯地区征集

鄂尔多斯市博物院藏

—

平面长方形。四周由禾穗纹或双重折线纹构成边
框。内浮雕主题图案：两只身材高大的骆驼相对
而站，昂首甩尾，正在啃食中间大树枝叶，场景
悠闲宁静。骆驼刻画细致，颈背处鬃毛纤细如发。
汉代动物形装饰用具多为温顺动物成组成对出现，
画面恬静祥和，与战国时期多撕咬猛兽有明显不同。

🐾 鎏金虎熊咬马纹青铜饰牌

西汉（前206 ~ 25年）
鄂尔多斯地区征集
鄂尔多斯市博物院藏

铜鎏金。长方形。模铸成虎熊噬马的图案。画面
写实，充满了紧张的气氛。

➔ 青铜鍑

西汉（前 206 ~ 25 年）
鄂尔多斯地区征集
鄂尔多斯市博物院藏

直口，口沿有两对称环形立耳；桶形深腹，大平底；颈部有数道弦纹，鍑身有圆形铸痕和清晰的范线。鍑是北方游牧文化的产物，用作烹饪与盛食。

鸟形青铜灯

西汉（前 206 ~ 25 年）
鄂尔多斯地区征集

灯由灯盘和灯体两部分组成。灯体做成凤鸟形，鸟首向一侧倾望，鸟头和立柱各有一个小灯盘，是添油着芯的位置。铜灯造型讲究，制作精湛，是汉代初期典型灯具。

➧ 武库、抵兕图、车马出行图壁画

东汉（25 ~ 220 年）

鄂尔多斯市鄂托克旗凤凰山壁画墓葬出土

原址保护

融合发展的沃土

（魏晋至隋唐时期）

汉末魏晋以来，鄂尔多斯地区北部一直是乌桓与鲜卑的驻牧地。北魏政权建立后，为防范柔然的袭扰，在阴山一线建立起六个军镇。在鄂尔多斯地区留下了诸如石子湾以及铁弗匈奴大夏国的国都——统万城等遗存。隋唐时期，在黄河岸边建起了胜州以及东、中、西三座受降城，用以防范、安置内附突厥部众。此外，在今鄂尔多斯南部还设有安置中亚粟特等"突厥余众"的"六胡州"。由此可见，自东汉末开始，历经魏晋北朝以迄隋唐，这里既是中原王朝防范、管辖北方民族的区域，更是多民族共生的家园与融合发展的沃土。

▲ 大夏国统万城遗址

　　从东汉末到魏晋时期，在中国北方是包括匈奴、乌桓、羌、鲜卑以及汉族在内的众多民族融合发展的重要历史时期。而北魏政权的建立与南迁，尤其是其主动汉化，更为中华民族大家庭注入了新鲜血液。加之东西方交往渠道的日益畅通，也为不同文化的交流互鉴提供了广阔的空间与融合的舞台。包括鄂尔多斯在内的黄河河套地区，地处中原与北方往来的重要通道上，呈现出多民族汇聚交往的时代特色。

▲ 北魏孝文帝改革浮雕

✿ "富贵万岁"纹瓦当

北魏（386～534年）

鄂尔多斯市准格尔旗十二连城出土

鄂尔多斯市博物院藏

圆形，当面周缘为素面宽轮，内以界栏分为九部分，正中及四角五栏堆塑乳丁纹，上下左右四栏为"富贵万岁"四字阳文。

✿ 人面纹瓦当

北魏（386～534年）

鄂尔多斯市准格尔旗石子湾古城出土

鄂尔多斯市博物院藏

正面模印人面纹：三角形鼻，条状眼，眉、须、嘴均以线条塑造，细眉上扬，长目凸出。背面平直，表面涂黑，未经磨光。

➜ 镂孔蒜头瓶

—

北魏（386 ~ 534 年）

鄂尔多斯地区征集

鄂尔多斯市博物院藏

—

灰陶质。小口，长直颈，折肩，筒形直腹，平底。
腹部镂孔网格纹，下面有一圆孔。此瓶造型优美，
设计精巧，镂孔网格纹尤见工艺，诚为陶器精品。

⊅ 陶壶

北魏（386 ～ 534 年）

鄂尔多斯市乌审旗出土

鄂尔多斯市博物院藏

喇叭口，细长颈，鼓腹，平底。通身光素。

🦅 三系盘口瓶

—

北齐（550～577年）

鄂尔多斯地区征集

鄂尔多斯市博物院藏

盘口，束颈，鼓腹斜收，平底。肩上置三双桥形
耳系，肩部围绕两圈弦纹。壶身整体施褐釉，施
釉不到底。

⟫ 褐釉羊首瓷壶

北朝（386～581年）
鄂尔多斯地区征集
鄂尔多斯市博物院藏

侈口，短颈，圆腹，腹下收敛，平底。肩部一侧
置羊首形流，另三侧置三个耳系；饰一圈带状网
格纹。壶身整体施褐釉不到底。羊首形壶流特征
明显，羊口微张，颌下一绺胡须，双目外凸，双
角向后弯曲，双眼涂点褐彩，颇具神韵。

➔ "汉归义鲜卑王"铜印

东汉（25 ~ 220 年）
鄂尔多斯地区征集
鄂尔多斯市博物院藏

官印，铜质。卧驼纽，圆形穿绶孔。印扁方形，印
面规整，镌有"汉归义鲜卑王"六个字，古朴典雅。
"归义"是汉朝政府给予归附部落首领的封号，"鲜
卑"说明此印是颁发给鲜卑族首领的印章，"王"
是汉廷赐予鲜卑族首领的官位。东汉时期，鲜卑
民族活动范围逐步扩大，向南到达内蒙古和林格
尔地区。此方印玺就是汉朝政府与鲜卑民族关系
往来的实物资料，是边疆稳定、民族融合的见证。

➤ 龟纽铜印

北魏（386 ~ 534 年）
鄂尔多斯市杭锦旗出土
鄂尔多斯市博物院藏

———

龟纽，龟身与甲、足一体，四脚站立，作昂首状，
腹足之间中空，背部有龟裂纹。印面方形，印文
漫漶难辨。

印章作为信物，最早可以追溯到春秋时期，初称
玺，秦统一后规定"玺"为皇帝专用，其他则称
"印"。

❧ 双鹰博马纹银杯

北魏（386～534 年）
征集
鄂尔多斯市博物院藏

敛口，颈微束，深鼓腹，喇叭形高足。通体浮雕效
果，口沿与颈腹交接处各有一道联珠纹，颈部是缠
枝莲纹，杯腹部刻画两只盘旋的雄鹰与一匹马搏斗
的场景，生动逼真。
银杯整体造型为中亚风格，是伴随着丝绸之路从西
域来到中原地区，是多文化交流互鉴的有力见证。

铜鐎斗用途，说法不一：《史记》认为是一种军事量器，用以向兵卒分发粮食；另有温酒器、炊具之说。

♦ 铜鐎斗

—

魏晋（220 ~ 317 年）
鄂尔多斯地区征集
鄂尔多斯市博物院藏

—

体呈盆形。敞口，直壁，平底，兽腿形三足。扁平细长状柄，柄中上部弯折；口部带流。

鐎斗用途，说法不一：《史记》认为是一种军事量器，用以向兵卒分发粮食；另有温酒器、炊具之说。

❧ 鎏金铜活页带饰

北魏（386～534年）

鄂尔多斯地区征集

鄂尔多斯市博物院藏

由两部分构成，两端均作圭首，中部由活页相连。
主体饰透雕效果的勾连纹，周边饰乳丁纹。

❧ 鎏金铜带扣

北魏（386～534年）

鄂尔多斯地区征集

鄂尔多斯市博物院藏

平面呈长方形，一端设扣环、扣舌，铸透雕效
果的勾连图案。

❧ 鎏金铜活页带饰

北魏（386 ~ 534 年）
鄂尔多斯地区征集
鄂尔多斯市博物院藏

由两部分构成，中部活页相连，正面铸透雕效
果的动物纹。

❧ 鎏金铜活页带饰

北魏（386 ~ 534 年）
鄂尔多斯地区征集
鄂尔多斯市博物院藏

由两部分勾连组成，一为桃形，一为灯笼状，均
铸透雕效果的凤鸟纹。

🐎 马形铜饰件

西晋（265 ～ 316 年）

鄂尔多斯地区征集

鄂尔多斯市博物院藏

———

卧驴造型。立耳垂首，四肢内屈，尾部下垂，身
上饰有圆圈纹。

➤ 卧马形铜饰件

北魏（386～534年）
鄂尔多斯地区征集
鄂尔多斯市博物院藏

卧马造型。立耳垂首，四肢内屈，尾部下垂。

➤ 青铜饰件

北魏（386～534年）
鄂尔多斯地区征集
鄂尔多斯市博物院藏

马耳、鬃毛清晰可见，马尾下垂，背部饰猴，整体简约生动。"马上封侯"是中国传统纹样，寓意功名指日可待。

➔ 三鹿纹金饰牌

北魏（386 ～ 534 年）

征集

鄂尔多斯市博物院藏

模制。三鹿首尾相衔并排伫立，鹿举首回望。腿、角镂空，鹿身鹿首微凸。

鹿纹金牌饰是东汉至北魏时期鲜卑金银器的重要题材，出土数量较多，鹿的样式多变，多为透雕镂空制法，风格介于写实与图案化之间。金饰牌出土在鄂尔多斯地区，见证了鲜卑等游牧民族南下归附与中原渐融一体的历史进程。

➔ 压印纹金饰件

北魏（386 ～ 534 年）

鄂尔多斯地区征集

鄂尔多斯市博物院藏

长方形金饰件，表面压印四点纹。

❧ 金耳环

—

北魏（386 ～ 534 年）

鄂尔多斯地区征集

鄂尔多斯市博物院藏

—

一对。耳钩与耳坠为金线盘绕而成，耳坠三处盘曲金线近似人面纹。

❧ 叶形流苏金耳饰

—

北魏（386 ～ 534 年）

鄂尔多斯地区征集

鄂尔多斯市博物院藏

—

顶端为较粗圆环，下用细圆环接叶形流苏坠饰，富有光泽。流苏做工精湛，十分精巧，多种高超金器加工技艺的融合，集中反映出多种文化因素汇聚一起的文化特征。

☙ 元觉拖舆劝父画像石

北魏（386～534年）

征集

鄂尔多斯市博物院藏

青石质。表面采用减地阳刻二十四孝中的元觉拖
舆劝父画像，两侧为仿木斗拱。

画像石，是墓室、墓地祠堂、墓阙和庙阙等建筑
上雕刻画像的建筑构石。

☙ 鹿衔灵芝画像石

北魏（386～534年）

征集

鄂尔多斯市博物院藏

画像石两侧为仿木结构的斗拱，拱眼间刻有鹿衔
灵芝画像。

🐾 郭巨埋儿孝母画像石

北魏（386～534 年）

征集

鄂尔多斯市博物院藏

表面减地阳刻郭巨埋儿孝母画像。"郭巨埋儿"是
二十四孝行故事之一。

一 | 多民族共有的家园（隋唐时期）

　　隋唐时期，鄂尔多斯地区是中原王朝的边防重地和战略交通要道。隋于此筑胜州榆林关，隋炀帝还曾到此巡幸，召见突厥、契丹等北方部族首领。唐代更在黄河北岸设有诸如燕然都护府、单于大都护府等军事行政机构，以及安置突厥人、粟特人的"六胡州"等，专事管理北方屯戍事宜及受降后驻牧于鄂尔多斯地区的北方诸部族和西域胡商。由此可以想见当时这里农耕游牧、商旅往来的生产生活情景。

▼ 粟特人经商场景复原

➴ 青釉四耳盘口瓶

—

唐（618～907年）

鄂尔多斯地区征集

鄂尔多斯市博物院藏

—

盘口，束颈，颈部弦纹；丰肩，有对称四条双桥形耳系；鼓腹，施半釉，釉层清透，腹下部露素胎；平底。

盘口瓶，瓶式之一，因瓶口为盘状而得名。一般为细长颈、溜肩、圆腹、圈足。北朝的瓶，腹瘦长，最大腹径在近底处。隋代的瓶则颈部细长，腹部较丰满，略呈椭圆形。

⯈ 黑釉执壶

唐（618～907年）
鄂尔多斯地区征集
鄂尔多斯市博物院藏

敞口，束颈下收，鼓腹，平底。肩部有流，对称
肩颈处有桥形柄。通体施黑釉，唯施釉不及底，
露白胎，釉色黝黑、釉面光亮，造型古朴典雅。

⇒ 褐釉盖罐

唐（618～907年）
鄂尔多斯地区征集
鄂尔多斯市博物院藏

小口微敞，圆唇，短颈，鼓腹下收，圈足。通体
施褐釉，不及底；釉面光亮温润。

🪶 白玉飞天雕像

—

唐（618 ~ 907 年）

鄂尔多斯市准格尔旗川掌马成渠出土

鄂尔多斯市博物院藏

—

青白玉镂雕，阴线刻制。为一横飞女子形象，右手持花枝，上身裸袒，下身着长裙，两腿略盘屈。面部线条饱满柔和，身下镂雕云纹及卷草纹，绶带随风飘动，轻巧飘逸。

⚘ 彩绘风帽男立俑（组图）

唐（618 ~ 907 年）

征集

鄂尔多斯市博物院藏

立姿，右手握举胸前。戴风帽，身着翻领长袍，内衬有红彩痕迹。

风帽和翻领大衣均为典型胡人服饰，三俑却为汉人面相，可见北方游牧民族服饰对汉族传统服饰的影响。这些人物俑形象地反映出唐朝开放包容的气度与多民族大融合之盛况。

丝绸之路上的商客

　　汉代丝绸之路的开通，为东西方人群的交往交流提供了更为广阔的空间，包括以经商驰名的中亚民族——粟特。公元3～8世纪，生活在中亚阿姆河、锡尔河流域的粟特人逐渐成为丝绸之路上的常客，而突厥、回鹘人控制着包括河西走廊中段在内的天山南北广大地区，并与隋、唐王朝发生着密切的关系。当时，在东西方往来通道上，遍布着许多商业驿站和经商商人，而粟特人在其中扮演着极为特殊的角色。在今鄂尔多斯南部以及宁夏、陕西等地发现的部分文化遗存，见证了在华粟特人的经商文化习俗。

 **三彩风帽俑**

———

唐（618～907年）
鄂尔多斯市准格尔旗十二连城出土
鄂尔多斯市博物院藏

———

外饰绿釉，胎质较坚硬。为一伫立男俑，身披风
衣，头戴风帽，高鼻深目，为胡人形象。

❧ 三彩仕女俑

—

唐（618 ～ 907 年）

鄂尔多斯市准格尔旗十二连城出土

鄂尔多斯市博物院藏

—

唐三彩。采用白、红、绿等着色，作抄手的侍女造型。

❧ 仕女俑

—

唐（618 ～ 907 年）

征集

鄂尔多斯市博物院藏

—

泥质灰陶。作静谧的仕女形象。

白瓷盂

唐（618～907年）

征集

鄂尔多斯市博物院藏

盂分上、下两部分。上部口沿外侈，类似大漏斗，
口较小；中间短细直颈。下部为壶形，圆肩，圆
鼓腹，平底。通体施白釉，洁白匀净；白胎微泛
黄，胎骨坚硬细密，无花纹装饰。

➧ 琉璃钵

唐（618 ~ 967 年）

征集

鄂尔多斯市博物院藏

圆直口，微球腹，小平底，杯腹外壁有圆形凹回
纹饰。

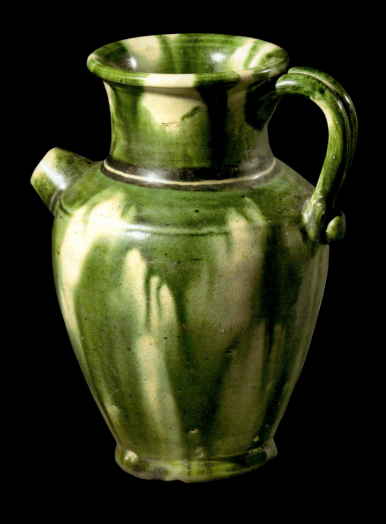

❧ 三彩执壶

——

唐（618～907年）

征集

鄂尔多斯市博物院藏

——

侈口，束颈，鼓腹，平底，短流，肩颈处有柄，肩部饰一周凹弦纹。以白、绿釉为主。执壶又称"注子""注壶"，为隋代出现的酒具。

❧ 三彩釉陶盂

唐（618～907年）
鄂尔多斯市准格尔旗出土
鄂尔多斯市博物院藏

敛口，翻沿，扁圆鼓腹，圜底，三兽蹄形足。通体施白、绿、黄三色彩釉，是典型的唐三彩。

❧ 三彩陶瓷盘

唐（618～907年）
征集
鄂尔多斯市博物院藏

盘敞口，浅腹，平底。盘内底部有三彩宝相花装饰，盘身有裂纹。

宝相花又称宝仙花、宝莲花，吉祥三宝之一，以莲花、牡丹、菊花为主，间杂其他花叶，寓有"宝""仙"之意。

❧ 葵口云龙纹铜镜

—

唐（618 ~ 907 年）

征集

鄂尔多斯市博物院藏

—

主题图案作穿行于云际的飞龙纹。

❧ 凤鸟纹铜镜

—

唐（618 ~ 907 年）

鄂尔多斯地区征集

鄂尔多斯市博物院藏

—

菱口形。半球形纽，内区饰一对展翅飞翔的凤鸟，其间点缀花草纹；其外饰一周联珠纹，最外饰一周绞索纹。左侧边缘竖行"高陵官□□"五字。

❧ 单龙吞珠纹铜镜

—

唐（618 ~ 907 年）

鄂尔多斯地区征集

鄂尔多斯市博物院藏

—

葵口，主题图案为围绕镜纽飞行的龙纹，四周环绕逶迤的云头。

✦ 海兽葡萄纹铜镜

—

唐（618～907 年）

征集

鄂尔多斯市博物院藏

圆形。球纽，窄缘。内区宽大，绕纽浮雕五个追逐的海兽，首尾相接，形态各异，翻腾跳跃，颇具活力。海兽间饰 8 串葡萄及藤蔓，主次分明，布局合理。外区窄小，环内区一周铭文。

⟶ 宝相花纹铜镜

唐（618 ~ 907 年）

征集

鄂尔多斯市博物院藏

主题作团绕的宝相花纹样。

⟶ 菱口宝相花纹铜镜

唐（618 ~ 907 年）

征集

鄂尔多斯市博物院藏

菱口，外缘较宽，桥形纽，周围是繁密的宝相
花图案。

☙ 花瓣形银盘

唐（618～907年）

鄂尔多斯市乌审旗纳林河十里梁墓葬出土

鄂尔多斯市博物院藏

银质。葵花口形，内壁有折痕，浅腹，平底。

☙ 鱼尾银勺

唐（618～907年）

鄂尔多斯地区征集

鄂尔多斯市博物院藏

银质。整体细长，柄部末端呈鱼尾状。

⮑ 青铜贡杯

唐（618～907年）

鄂尔多斯地区征集

鄂尔多斯市博物院藏

—

杯撇口，浅弧壁，喇叭口形高足。整体较为光洁。

⟩ 弦纹高足酒盏

—

唐（618～907 年）
鄂尔多斯地区征集
鄂尔多斯市博物院藏

—

杯敞口，深弧壁，球状柄下接喇叭口形足。腹部
和足部有数道弦纹。

➜ **提梁铜钵**

唐（618 ~ 907 年）
鄂尔多斯地区征集
鄂尔多斯市博物院藏

圆口，深弧腹，平底。钵口沿两端装饰两个铺首，
上面衔着提梁。

➷ 铜盖罐

唐（618 ~ 907 年）
鄂尔多斯地区征集
鄂尔多斯市博物院藏

敞口，束颈，鼓腹，高圈足；盖上有纽。盖、颈
部、肩部、圈足部均装饰有凸弦纹。整体造型圆
润自然，敦厚大气。

➥ 铜碗套装

唐（618～907年）
征集
鄂尔多斯市博物院藏

一套，由碗、筷和托盘组成。碗侈口，斜弧腹，圈足；托盘圆形，圈足，器表光洁有光泽；筷细长，顶端作串珠形。整套器物造型美观，显示了唐代高超的铜器制作工艺。

❧ 凤鸟纹象牙篦

唐（618 ~ 907 年）
征集
鄂尔多斯市博物院藏

半月形。梳背采用精巧的镂雕技艺，加工出繁缛
的凤鸟纹样。

❧ 花卉纹铜钵

唐（618 ~ 907 年）
鄂尔多斯地区征集
鄂尔多斯市博物院藏

圆口，方唇，斜腹下收，圈底。腹部饰凹弦纹和
环形纹饰，内部錾刻花卉纹装饰。

☙ 盈公墓志盒

五代（907～960年）
鄂尔多斯地区征集
鄂尔多斯市博物院藏

整体呈覆斗形。正面等分16格，中间4格为"盈
公墓志"四字篆书，外12格刻十二生肖动物图案。
坡面及边沿处则阴刻出绞索纹样。

第三章
多民族大家庭的巩固
（宋元至明清时期）

　　从宋元到明清，鄂尔多斯地区虽然分属不同时代、不同政权的管辖范围，但各民族共生共存依然是这一时期历史发展的主旋律。有宋一代，这里虽然主要是西夏政权的管辖区域，但也有宋、辽所属的府州建制。元朝统一后，在黄河沿岸实行农牧并举的政策，鄂尔多斯地区主要是安西王的皇家牧场。入明以后，随着鄂尔多斯部的迁入以及隆庆和议的达成，民族与文化的交往得到进一步加强。清代以来，盟旗制度等政策的推行和中原移民的不断涌入，使得这一区域在保留浓郁民族传统文化的同时，又面临着不同文化的碰撞与交流。

朝代的更迭兴替
（宋元时期）

10世纪以来，鄂尔多斯地区大部分区域为党项西夏政权的统治范围，北部区域也有宋、辽等政权的建制。党项人自唐末五代活动于此，数百年的统治留下了许多历史文化遗迹、遗物。从13世纪中叶开始，这里又成为元朝的统治区域。作为皇家牧场和驿路的重要节点，鄂尔多斯地区发现的文化遗迹虽然并不算多，但在黄河沿岸却有不少相对集中的遗迹、遗物，真实反映出这一区域彼时的社会经济与文化风貌。

▼ 鄂尔多斯草原牧场地貌

一 两宋时期的遗迹

在鄂尔多斯地区发现的两宋时期的文化遗存中，既有在今准格尔旗境内的辽代河清军故城遗址，也有969年羌人首领王承美脱辽归宋后扩建的"丰州"城邑与烽台遗址。西夏时期的新宥州、城坡等城址，以及金时期建立的以榷场贸易为主的金肃军等建置，反映出两宋时期鄂尔多斯地区当时的政治状况与经济文化风貌。

▲ 二长渠宋丰州古城遗址

▲ 古城渠宋代古城遗址

❧ 鸭形铜灯

宋（960～1279 年）
鄂尔多斯地区征集
鄂尔多斯市博物院藏

铜质。灯盏葵形口，弧壁，盘内壁有六条棱脊。
灯主体为鸭形，鸭嘴衔住灯盏口沿，圈足略外撇。
主体表面刻有羽翼及花卉纹饰。整体小巧精致。

❧ 鎏金摩羯纹银杯

宋（960～1279 年）
征集
鄂尔多斯市博物院藏

银质。敞口，弧壁，圈足，口沿一侧带柄。杯外
壁饰有 8 团摩羯纹。

❧ 鎏金四曲花卉纹银杯

宋（960 ~ 1279 年）

征集

鄂尔多斯市博物院藏

银质。多曲花卉形。敞口，直壁，圈底。表面鎏金，口沿下錾刻一周卷云纹。

❧ 鎏金花卉纹银盘

宋（960 ~ 1279 年）

征集

鄂尔多斯市博物院藏

敞口，外折平沿，浅弧腹，平底。表面鎏金，内底錾有花卉纹。

⚜ 黑釉瓷罐

宋（960 ~ 1279 年）
鄂尔多斯地区征集
鄂尔多斯市博物院藏

—

敛口，鼓腹，圜底，釉色漆黑光亮。

黑釉瓷，即釉面呈黑色或黑褐色的瓷器，主要呈
色剂为氧化铁，及少量或微量的锰、钴、铜、铬
等氧化着色剂。

❧ 绿釉鸡冠壶

辽（907～1125年）

征集

鄂尔多斯市博物院藏

鸡冠状单系，壶身扁宽，上部方直，底部圆收，边缘作凸起的两条缝合线纹，浅圈足。施绿釉，底部不施釉。造型规整，具有典型的游牧民族风格。

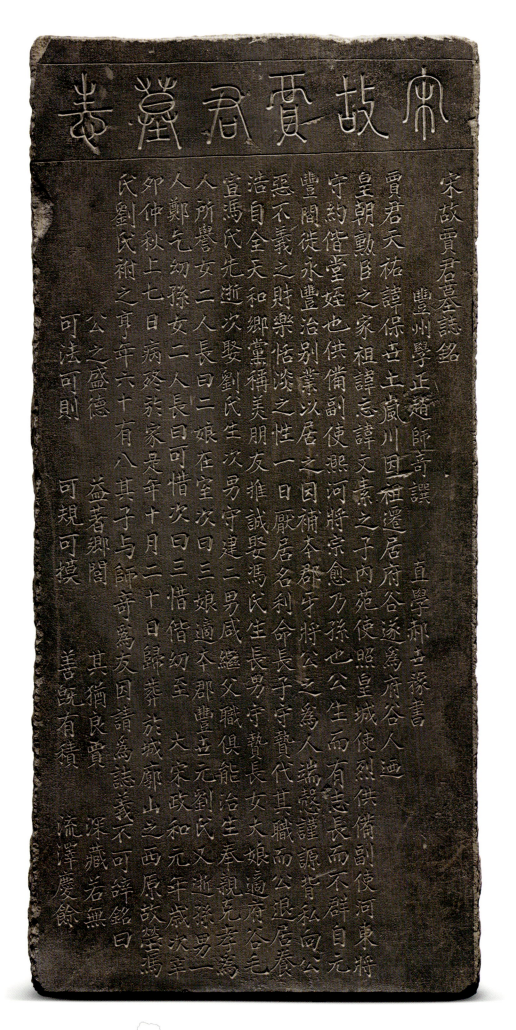

贾天佑墓志

宋（960～1279 年）
鄂尔多斯市准格尔旗二长渠古城采集
鄂尔多斯市博物院藏

平面呈长方形。正面篆刻楷书碑文，碑文保存完好，简要记述墓主人的官职、家族人物及葬地等信息，是研究鄂尔多斯地区宋代历史的珍贵实物。

故賈君墓誌銘

豐州學正遒師奇譔

直

君天祐諱保岳主嵐川因祖遷居府

公朝勲臣之家祖諱志諱文素之子内

約偕堂姪也供備副使熙河將宗愈

閭徒永豐洽別業以居之因補本郡

不義之財樂恬淡之性一日嚴居名

自全天和鄉黨稱美朋友推誠娶馮

馮氏先逝次娶劉氏生次男守建二

所譽女二人長曰二娘在室次曰三

海崖红日纹铭文铜镜

宋（960 ～ 1279 年）
征集
鄂尔多斯市博物院藏

八瓣菱形。桥形纽，窄镜缘。铜镜内外区中间以一圈凹弦纹相隔，内区浮雕海崖纹、红日纹；外区饰一周铭文。

❧ "福寿家宁" 铜镜

宋（960 ~ 1279 年）

征集

鄂尔多斯市博物院藏

铜镜为八出葵口缘，内外各一圈铭文，外圈八字
"清素传家，永用宝鉴"；内圈四字"福寿家安"，
此外还有四个"寿"字纹。铜镜背面正中为桥形钮。

➛ "东胜官□" 海兽葡萄纹铜镜

辽（907 ~ 1125 年）

鄂尔多斯地区征集

鄂尔多斯市博物院藏

桥形纽，宽镜缘。主题图案作海兽葡萄纹样，錾刻有"东胜官□"四字。

➛ 二龙戏珠纹铜镜

辽（907 ~ 1125 年）

征集

鄂尔多斯市博物院藏

整体作"亚"字形。球形纽，窄镜缘。主体图案作二龙戏珠纹饰，双龙昂首曲颈，拱身翘尾，张开四肢作奔腾状。

龙为鳞虫之长，能幽能明，能短能长。珠应是指龙珠，《述异记》载："凡珠有龙珠，龙所吐者。""二龙戏珠"或与祭祀时的"耍龙灯"活动有关，有庆丰年、祈吉祥之意。

圆形。桥形纽，内有八瓣菱花形内切镜缘，整体
浮雕摩羯纹。

➷ 摩羯纹铜镜

辽（907 ~ 1125 年）
征集
鄂尔多斯市博物院藏

圆形。桥形纽，内有八瓣菱花形内切镜缘，整体
浮雕摩羯纹。

铁马镫

辽（907～1125年）
鄂尔多斯市东胜区板洞梁补洞沟出土
鄂尔多斯市博物院藏

马镫上部为舌形高鼻，长方形带孔，用来穿绑绳带，器身呈梯形环状，环壁较厚，便于蹬踏，镫吊和镫底之间装饰有一个菱形纹饰。

这件辽代马镫造型朴拙，制作粗略，却明显具有唐代遗风。

"大康年造" 铜权

辽大康年间（1075～1084年）
鄂尔多斯地区征集
鄂尔多斯市博物院藏

铜权呈半球形，上有纽，权体錾刻"大康年造"四字，为铜权铸造年代。"大康"为辽道宗耶律洪基的年号，即1075年－1084年。

🐾 鸳鸯纹铜带板

辽（907～1125年）

征集

鄂尔多斯市博物院藏

一组，10片。每个带板近正方形，一侧有长方形穿孔，
表面饰有鸳鸯纹。

🐾 鱼形锤

辽（907～1125年）

征集

鄂尔多斯市博物院藏

铁质，锤体作鲤鱼形。

❧ 摩羯纹金花银盘

辽（907～1125年）

征集

鄂尔多斯市博物院藏

———

银盘中心饰有火焰宝珠和一只摩羯，外圈饰飞鸟纹和鸳鸯衔绶带纹；盘沿饰有团花。盘上花纹、图案均鎏金，银地金花，纹样和工艺呈现出浓郁的中亚粟特金花银盘特色。

摩羯形象最早出现于大约四千年前的印度。摩羯纹又称"鱼龙纹"，龙首鱼身，古代印度的雕塑和绘画中常有摩羯形象纹饰。东晋时期，随着佛经汉译，摩羯纹传入中原。到唐代，它成为金银器、瓷器中较为常见的装饰图案。通过草原丝绸之路，契丹与域外国家有大量贸易往来，摩羯纹金花银盘就是东西方交流融合的产物。

二 西夏政权的经略

　　党项是羌人的一支，早在隋唐时期即与中原来往颇多，其经济形态亦农亦牧，文化与中原和西域皆有渊源。1038年，李元昊称帝，党项逐步发展壮大并建立大夏王朝，史称"西夏"。作为早期即活动于此的重要区域，西夏在鄂尔多斯地区留下了比较多的遗迹、遗物。位于今鄂托克前旗的新宥州城，它是保护当时丝绸之路驿站、抽收关税的嘉宁监军司治所。准格尔旗的城坡古城，则为军事与贸易性质兼具的建置。这些文化遗存，对于我们研究西夏历史与文化及其与宋、辽、金之间的关系史均具有重要价值。

▲ 城坡古城遗址

➷ "内宿待命"铜牌

西夏（1038～1227年）
鄂尔多斯市乌审旗出土
鄂尔多斯市博物院藏

铜牌为长方铲形。上部为"凸"字形，有方孔，可穿绳系挂用。底部为双联弧底边，正面刻四个西夏文字，对译汉字为"内宿待命"；背面为"定如□□"四字，"定如"为西夏族姓及姓氏，推测背面为持有者的姓名或番号。西夏时曾设"内宿司"，主要负责宫内宿卫之职，"内宿待命"令牌应该是西夏高级侍卫官的身份信物，当值期间必须佩戴。

❧ "庆历六年少府监铸" 铜印

西夏（1038 ~ 1227 年）
鄂尔多斯地区征集
鄂尔多斯市博物院藏

铜印印面为扁方体，棱角分明，印文为篆体汉字。印纽为抹角长方体。在印背和印纽表面分别錾刻有"庆历六年"和"上"字样。"庆历六年"即北宋仁宗赵祯年间的1046年，为官印铸造的年代。这一官印，为研究鄂尔多斯地区的政治管理制度及北宋与西夏之间的政治经济文化交流提供了有力资料。

❧ 西夏 "首领" 铜印

西夏（1038 ~ 1227 年）
鄂尔多斯市准格尔旗黑岱沟出土
鄂尔多斯市博物院藏

印面为方形，背部带有长方形柱状纽。印文为字体繁复、屈曲盘回的西夏阴文九叠篆书"首领"两字，印背纽两侧及顶端刻有行书体的授印年款、掌印人姓名以及标示印章方向的"上"等西夏文字。

❧ 褐釉剔花牡丹纹瓷罐

—

西夏（1038 ~ 1227 年）
鄂尔多斯市伊金霍洛旗布尔台圪乡巴兔塔村乌尔吐沟窖
藏出土
鄂尔多斯市博物院藏

—

敞口，方唇，圆肩，中腹部圆鼓，下腹斜收，平
底。通体施褐釉。肩、腹部剔釉露胎，剔划出两
组缠枝牡丹纹图案。

☙ 褐釉剔花瓷罐

—

西夏（1038 ～ 1227 年）
鄂尔多斯地区征集
鄂尔多斯市博物院藏

—

直口，高领，鼓腹，平底，通体施黑釉。颈肩相
接处装对称的桥耳。装饰图案以重弦纹分区，各
区以剔釉露胎技法作卷曲花草纹。瓷罐硕大厚重，
工艺繁缛，纹样多变，显现出超高的制作工艺和
多元文化的交融。

➻ 褐釉剔花牡丹纹瓷瓶

—

西夏（1038～1227年）
鄂尔多斯市伊金霍洛旗纳林塔淖毛泰家圪台出土
鄂尔多斯市博物院藏

—

瓶束颈，斜肩，腹微鼓，底部内凹。施酱釉，肩
部和近底处各有一圈露胎。在腹部剔出牡丹花纹
和几何图案。

❧ 褐釉剔花牡丹鹿纹瓷瓶

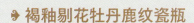

西夏（1038～1227年）
鄂尔多斯市伊金霍洛旗红庆河乡白圪针窖藏出土
鄂尔多斯市博物院藏

—

瓶束颈，斜折肩，弧腹略鼓，平底，环形圈足。
施酱釉，肩部露胎，下腹部施釉不到底；腹部剔
出两组开光牡丹纹图案，两图案间刻划组合平行
弧线。近底部阴刻一只奔跑的鹿，作回头惊恐状，
口中喷吐一团云雾。此瓶工艺精湛，技法娴熟，
图案主题突出、凝重浑厚，是西夏文物中少见的
精品。

❧ 花口褐釉剔花瓷瓶

西夏（1038～1227年）
鄂尔多斯市准格尔旗西召出土
鄂尔多斯市博物院藏

花瓣口，口沿外翻，直颈，球形腹，高圈足，平底，底部外撇。通体施褐釉，圈足底端露胎，胎质较粗，略呈土黄色。腹部剔刻两组缠枝牡丹开光图案。造型独特，工艺精湛，剔花技法简练，线条流畅，是西夏瓷器中少见的精品。

❧ 酱釉弦纹瓷瓶

西夏（1038～1227 年）
鄂尔多斯市伊金霍洛旗红庆河乡白圪针窖藏出土
鄂尔多斯市博物院藏

短颈，球腹，圈足。施褐釉，外壁施釉不到底；
口沿下、肩部、腹中部分别剔一周双弦纹。

❧ 白釉画花瓷盘

西夏（1038～1227 年）
鄂尔多斯市准格尔旗西召出土
鄂尔多斯市博物院藏

敞口，浅腹，圈足。器内外壁均饰白釉；内壁饰
褐色彩花草纹。器内底有支钉痕迹。

➔ 宣宁县铜印

金（1115～1234年）

征集

鄂尔多斯市博物院藏

背面有一梯形柱状柄，印背一侧刻有"宣宁县印"边款。印面呈正方形，印文为九叠篆"宣宁县印"。铜印是金世宗大定九年（1169年）铸造的官印。《金史·地理志》"宣宁"条载有"官山"，即今灰腾梁。今凉城县岱海东北部的淤泥滩古城已考证为金代的宣宁县旧址。岱海周边北有蛮汉山山系，南有马头山山系，金代宣宁县境内的官山、弥陀山、石绿山均位于岱海周边。这一铜印，见证了辽宋金夏时期政权的并立和交流。

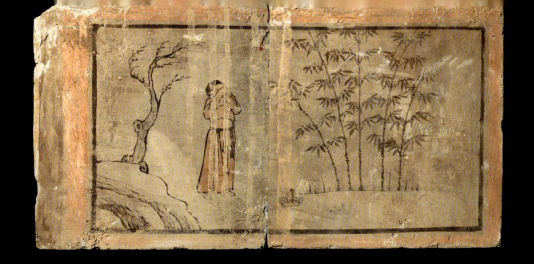

❧ 孟宗哭竹故事壁画砖

—

金（1115 ~ 1234 年）

鄂尔多斯地区征集

鄂尔多斯市博物院藏

—

壁画砖，彩绘二十四孝中的孟宗哭竹画像。

❧ 青釉瓷唾盂

—

金（1115 ~ 1234 年）

征集

鄂尔多斯市博物院藏

—

青釉瓷。上部口沿外侈，呈漏斗形；下部呈壶形，扁鼓腹，平底。造型夸张而独特，口大身小，工整精巧。器身通体施青釉，釉面光亮匀净，无花纹装饰。

🦋 双鲤水藻纹铜镜

金（1115～1234年）

征集

鄂尔多斯市博物院藏

圆形，半球纽，素缘。镜背内区饰首尾相接的双鱼，逐浪嬉戏。外区略窄，以水草花卉纹装饰。

🦋 凤鸟纹花口铜镜

金（1115～1234年）

征集

鄂尔多斯市博物院藏

八出葵花形，球形纽，窄镜缘。铜镜采用内主外从的构图设计，内区浮雕凤鸟纹，外区饰一周花卉纹。

⟳ 菱口铜柄镜

金（1115 ~ 1234 年）
征集
鄂尔多斯市博物院藏

六出菱花形，带柄，镜背有一双环绕飘浮的如意
祥云，简约灵动。
在古人看来，云是圣天的造物，是吉祥和高升的
象征。祥云纹造型独特，婉转优美，寓意祥瑞，
表达了吉祥、喜庆、幸福、如意的愿望。

❥石人造像

西夏（1038 ~ 1227 年）
鄂尔多斯地区出土
鄂尔多斯市博物院藏

人物造像，分文臣和武将两类形象，人物面容、装束等具有游牧民族特征，但服饰却具有中原王朝服饰特点，应是不同民族文化借鉴融合的结果。石造像出土于鄂尔多斯地区，用事实说明了鄂尔多斯地区自古就是多民族交汇的重要舞台。

三 | 元朝时期的皇家牧场

　　元朝建立后，在全国推行三省六部制。其中，陕西、四川行中书省下辖的察罕脑尔宣慰使司都元帅府即管辖今鄂尔多斯大部分地区，治所在今乌审旗境内的三岔河古城遗址。当时，鄂尔多斯不仅是忽必烈三子、安西王忙哥剌家族的苑囿和牧场，察罕脑尔城治即其"夏宫"所在，其四千牧户也驻牧于此。而且，这里还是一处重要的枢纽驿站，卫护着河套区域的商旅、使者往来等。此后，察罕脑尔宣慰使司都元帅府的建制虽有所变化，但其政治军事方面的重要性一直未变。

▼ 三岔河古城遗址

➥ "中书礼部至正廿四年造"八思巴文铜官印

元（1206 ~ 1368 年）
鄂尔多斯地区征集
鄂尔多斯市博物院藏

铜印为正方体，印柄是扁长的长方体。印面的正面两侧錾刻铸造时的文字："中书礼部至正廿四年□造"。这说明此印章属于官方印玺，是中书礼部监造的，铸造时间是至正廿四年也就是公元1364年，属于元代末期。

➔ "大"字形铜饰件

元（1206 ～ 1368 年）

鄂尔多斯地区征集

鄂尔多斯市博物院藏

铜质，呈"大"字形，末端为穿孔花瓣状。

➴ "至元二年大都路造"铜权

—

元（1206 ～ 1368 年）

征集

鄂尔多斯市博物院藏

—

器身为六面体，上有刻划文字，底部有支座，顶部有方形环纽。根据铭文推断，铜权应是在元惠宗至正二年（1342 年）在大都路铸造。

⤳ "至正元年二百斤"铜权

—
元（1206～1368年）
征集
鄂尔多斯市博物院藏
—

器身为球体，喇叭口形支座，顶部有方形环纽。铜
权正面錾刻"至正元年二百斤"文字，以示重量。

⇨ 白釉褐花玉壶春瓶

元（1206～1368 年）

鄂尔多斯地区征集

鄂尔多斯市博物院藏

撇口，细颈，溜肩，垂腹，圈足。白釉为底，表面褐彩画花。腹部分区绘有花卉图样。

玉壶春瓶又叫玉壶春，定型于宋代，历经宋、元、明、清、民国直至现代，成为中国瓷器的一种典型形制。元代的玉壶春瓶烧造数量大，以青花、釉里红、影青、青釉等釉彩品种最为丰富。"玉壶"二字出现要早于宋，指如玉一般的青瓷壶，或以玉壶比喻高洁，意义随时代的不同而有所不同。宋代诗句"玉壶先春""玉壶买春"，就是指买酒用玉壶来装，玉壶春也许因此得名。

❥ 磁州窑孔雀蓝釉罐

元（1206～1368年）
鄂尔多斯地区征集
鄂尔多斯市博物院藏

直口，方圆唇，矮直领，球腹，圈足；表面施蓝
釉，以黑釉绘线条和花卉图案。肩部弦纹内饰波浪
纹，鼓腹部弦纹内饰花卉纹；足部素胎。

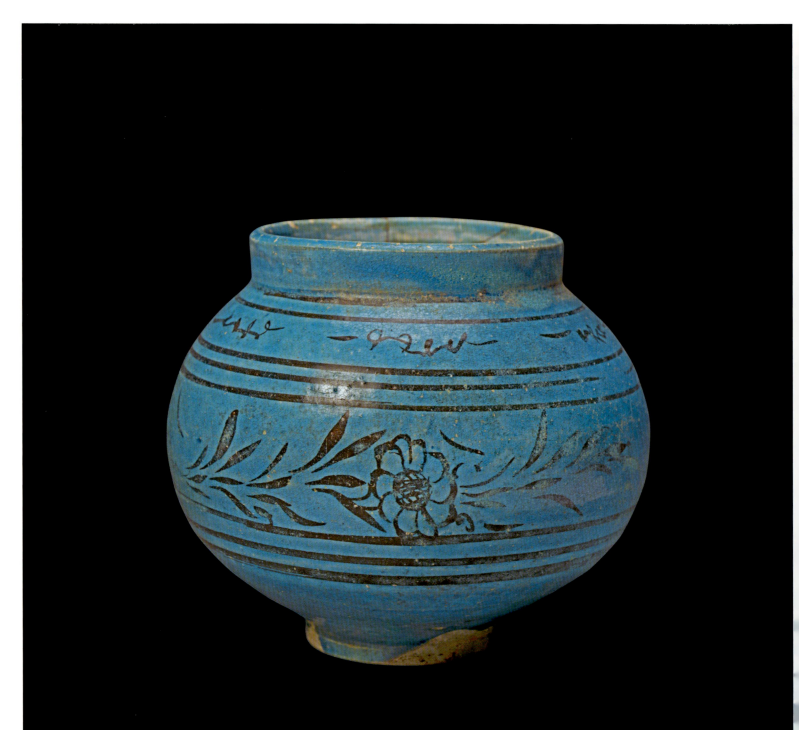

➷ 白釉画花瓷罐

——

元（1206 ～ 1368 年）

鄂尔多斯地区征集

鄂尔多斯市博物院藏

敛口，矮直领，深鼓腹，平底。通体施白釉，以赭黑釉绘线条和花卉图案：颈部双线纹内饰花瓣纹，鼓腹部饰花卉纹，下腹部又以双线圈分隔，双线内部勾画波浪纹。

➧ "上元" 黑釉瓶

—

元 (1206 ～ 1368 年)
鄂尔多斯地区征集
鄂尔多斯市博物院藏

盘口，细颈，深腹，平底，盘口下装两个小环
耳。通体施黑釉，中部剔釉形成"上元"两字。

铜犁镜

元（1206～1368年）

鄂尔多斯地区征集

鄂尔多斯市博物院藏

平面近似圆形，边缘处有一缺口。犁镜一面光
滑，一面保留四环组和铭文。由铭文可知，这件
铜犁镜铸造于今山西大同地区，显现出元代中央
政府对这里的控辖和管理，是统一多民族政治局
面的再现。

莲花铜灯台

元（1206～1368年）

鄂尔多斯地区征集

鄂尔多斯市博物院藏

灯台自上至下分为承盘、立柱和底座三层。上层承盘有平行的三枝，中间一枝为盛开的莲瓣状灯托，深腹，圆口，四周饰层层莲花瓣；两边为圆形盏托，浅腹，圆口。中间为"山"字形立柱，立柱呈竹节状，支撑三个灯盏。底层的灯座为不规则莲叶状三足，灯座上部有椭圆形人面状凸起。

➥ 松鹿纹金饰件

—

元（1206 ~ 1368 年）

鄂尔多斯地区征集

鄂尔多斯市博物院藏

—

半月形。表面采用锤揲技艺，加工成一幅松鹿图，祥和安宁的画面气息迎面而出。从饰件四周的钉孔来看，其应是钉装在漆木胎之上。

➥ 卷草纹金饰牌

—

元（1206 ~ 1368 年）

鄂尔多斯地区征集

鄂尔多斯市博物院藏

—

整体呈花瓣状，中间有一球形纽，表面浮雕卷草纹。

➥ 莲花形金帽顶饰

元（1206 ~ 1368 年）

鄂尔多斯地区征集

鄂尔多斯市博物院藏

整体呈覆莲花状，最上部为多曲宝塔形。系用于
帽子顶部的装饰。

➥ 穿珍珠、松石金耳环

元（1206 ~ 1368 年）

鄂尔多斯地区征集

鄂尔多斯市博物院藏

金丝盘绕而成。一端为穿松石、包珍珠的金球体，
一端尖锐，可以戴在耳部。整副耳环造型优美。

鎏金银带板一组

元（1206 ~ 1368 年）

鄂尔多斯地区征集

鄂尔多斯市博物院藏

带板一组，不成套。每块带板均呈长方形，银质，表面鎏金，浮雕缠枝花草图案。

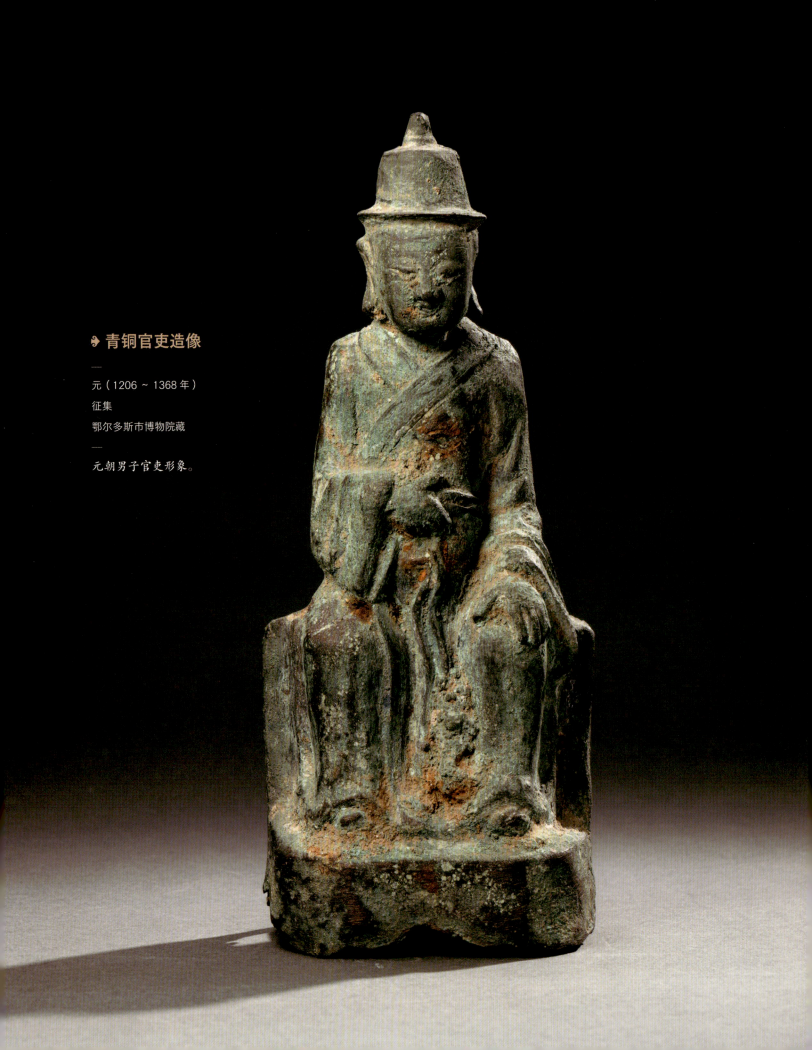

❥ 青铜官吏造像

—

元（1206 ～ 1368 年）

征集

鄂尔多斯市博物院藏

—

元朝男子官吏形象。

❧ 鱼藻纹铜盆

元（1206～1368年）

征集

鄂尔多斯市博物院藏

整体呈葵花形。盆口外侈，宽折沿，浅腹平底，圈
足。盆心饰鱼藻纹，海藻如风飘动，海鱼自然灵
动，纹饰分布匀称，极富动感。

❧ 八卦纹铜炉

元（1206～1368年）

征集

鄂尔多斯市博物院藏

盘口，鼓腹。圜底。三兽足。两耳。炉身颈部通
圈饰以卷云纹，腹中部为八卦纹，相邻两卦之间
以竖线条相隔。腹下部刻一周莲瓣纹。

一 草原敦煌——阿尔寨石窟

位于鄂尔多斯市鄂托克旗的阿尔寨石窟始凿于北魏，盛于宋元，明清时期仍继续沿用。该洞窟开凿在平坦草原上隆起的一座红色砒砂岩质的平顶小山上，现存67窟。但窟中塑像不存，仅残留有近千幅壁画，大部分属藏传佛教的内容，包括释迦佛、密宗上僧、礼佛图以及反映地域和民俗生活中的丧葬图等，部分壁画还附有藏文、回鹘蒙古文榜题。阿尔寨石窟是中国北方乃至世界上唯一的草原石窟，具有很高的历史价值和艺术价值。

❧ 兽面纹瓦当

元（1206～1368年）
鄂尔多斯市鄂托克旗阿尔寨石窟出土
内蒙古自治区文物考古研究院藏

—

泥质灰陶。当面模印有兽面纹。

▲ 阿尔寨石窟外景

❧ 八思巴文灰陶砖

元（1206～1368 年）

鄂尔多斯市鄂托克旗阿尔寨石窟出土

内蒙古自治区文物考古研究院藏

长方砖，泥土烧制而成，有八思巴文铭文。

中国古代的工匠有"物勒工名"的制度。作为制度始于春秋时期，要求器物的制造者把自己的名字刻在上面，以便管理者检验产品质量。《唐律疏议》记载："物勒工名，以考其诚，功有不当，必行其罪。"元朝实行匠户制度，手工匠人都编入专门的"匠籍"，长期为官府服役，子孙不得改行。

⇨ 花果纹荷叶玉杯

—

元（1206 ~ 1368 年）

鄂尔多斯地区出土

鄂尔多斯市博物院藏

—

造型别致，玉质圆润。周壁有花瓣、动物等各种
浮雕造型，底部为三只兽蹄形足。

⇨ 带把玉杯

—

元（1206 ~ 1368 年）

征集

鄂尔多斯市博物院藏

—

整块白玉雕琢而成。为敞口平底的单把杯造型，
器形小巧而做工精致，玉的温润质感溢于器表。

⇨ 龙首柄酒杯

—
元（1206 ～ 1368 年）
鄂尔多斯地区征集
鄂尔多斯市博物院藏

—
银质。八棱单把杯造型，手柄做成外向的龙头形
象，龙头下衔圈环。整器充满了威严富贵之气。

◈ 金香囊

—

元（1206～1368 年）

鄂尔多斯地区征集

鄂尔多斯市博物院藏

球形。采用镂雕技艺加工成小巧而精致的香囊。香
囊外附有锦袋一只。

辽代皇帝一年四季各有行在之所，谓之捺钵；按

春、夏、秋、冬的时序安排，也称四时捺钵。皇帝

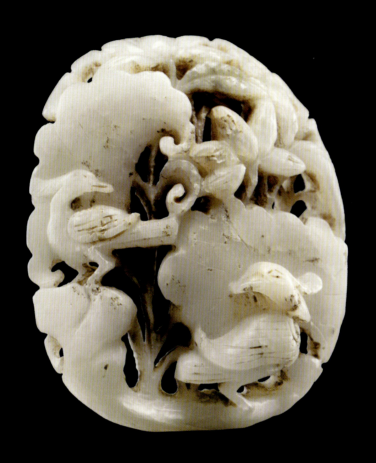

➤ 春水玉饰件

—

元（1206 ~ 1368 年）

征集

鄂尔多斯市博物院藏

—

玉质，圆形饰件。多层次镂雕，描绘出一双鹅雁类
水鸟在荷叶之间回首嬉戏的情景。

辽代皇帝一年四季各有行在之所，谓之捺钵；按
春、夏、秋、冬的时序安排，也称四时捺钵。皇帝

捺钵时，百官随行，边游猎捕鱼练兵，边议事处理
政务。每年春季，皇帝都要率领群臣，在水草丰美
之地进行传统的钓鱼、捕鹅及射猎活动，同时处理
大量政治事务，是为"春捺钵"。

春水玉就是以契丹、女真等北方游牧民族"春捺
钵"时狩猎天鹅情景为题材的一种装饰玉雕。春水
玉是宋、辽、金、元时期北方地区重要的玉器佳
作，反映了北方民族独特的民族风情，也体现出中
国玉雕技术新工艺、新题材、新风尚。

⇨ 陶俑

—

元（1206 ～ 1368 年）

征集

鄂尔多斯市博物院藏

—

泥质灰陶。男性，伫立，目视前方，左臂自然垂
下，右臂略屈伸向前方。

☞ 陶马

元（1206 ～ 1368 年）

征集

鄂尔多斯市博物院藏

泥质灰陶。昂首，伫立，背部驮有行囊。

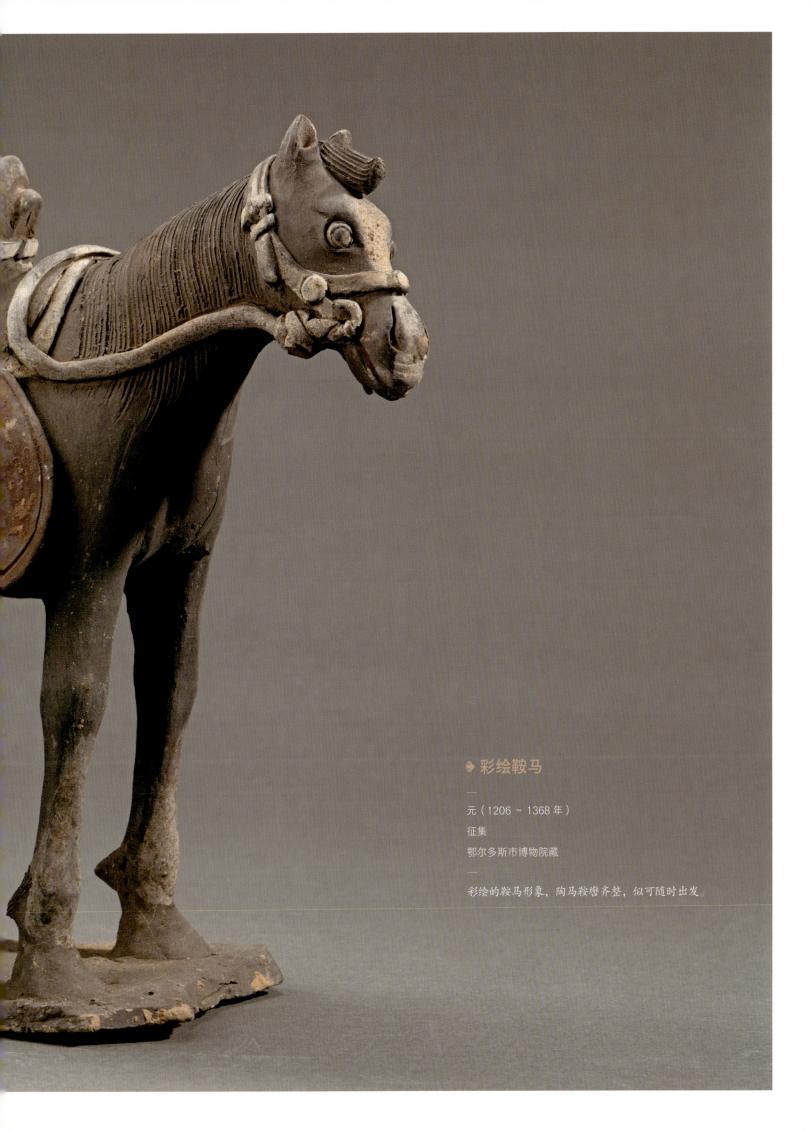

➡ 彩绘鞍马

—

元（1206 ~ 1368 年）
征集
鄂尔多斯市博物院藏

—

彩绘的鞍马形象，陶马鞍辔齐整，似可随时出发。

➡ 彩陶男俑

—

元（1206～1368年）

征集

鄂尔多斯市博物院藏

—

男性，伫立于底座上，头戴帽，双手横屈于胸前。

❧ 彩陶俑

—

元（1206 ~ 1368 年）

征集

鄂尔多斯市博物院藏

—

女性，伫立于底座上，双手拢在腹前。

第二节
河套区域的再开发
（明清时期）

明朝建立后，在北方地区修筑了被称为"九边重镇"的长城军事行政防御体系。达延汗统一并分蒙古诸部为6个万户。其中，鄂尔多斯、土默特、永谢布为右翼3万户。"隆庆和议"后，长城两边人民实现了期盼已久的通贡互市，双方从此得以和平往来。明代中叶以后，奉祀成吉思汗八白宫的鄂尔多斯部来到这里，并逐渐形成了一整套完整的祭祀制度与特色文化。清朝实行盟旗制，鄂尔多斯部被分为六旗（后改七旗），会盟伊克昭。加之中原农民的"走西口"等，为多民族的社会构成和文化的相互影响奠定了基础。

▼ 南流黄河与长城融合地貌

一 | 和平互市的开启

明初，为防御蒙古势力的南下，明朝统治者采取了以军事斗争为主的策略，并极力限制蒙汉人民的交往。达延汗统一蒙古诸部后，开启了明蒙"朝贡"贸易的先河。俺答汗受封顺义王后，双方在陕西三边、山西大同、鄂尔多斯周边地区等地开通了十一处名为"马市"的互市区域。蒙古民众得以用牛马、皮张、金银、奶食去交换内地的粮食、布帛、铁器以及茶、糖等。贸易形式多样化以及产品交易的持续增长，大大促进了北方社会经济的发展和民族间的交往交流交融。

▲ 俺答封贡互市油画

▼ 长城边关互市场景复原

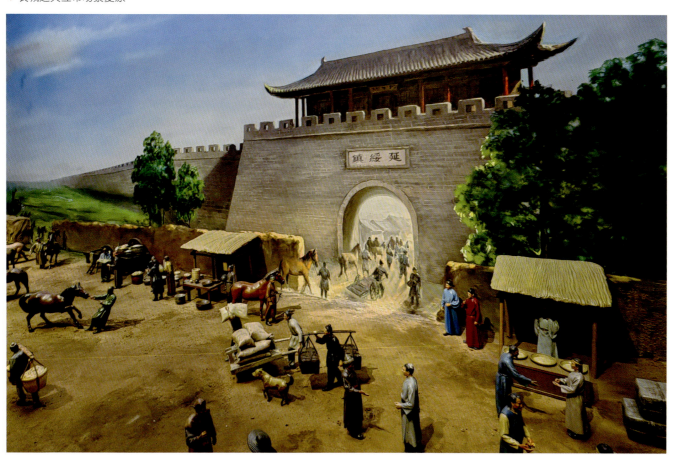

三彩釉陶乐俑

明（1368～1644年）

征集

鄂尔多斯市博物院藏

一支微型乐队，身披绿袍或蓝衣，头戴卷沿高帽或毡帽，帽色各异，呈站立姿势。每件陶俑手中持有不同乐器，面容、姿态、服饰不尽相同，均为男性形象。陶俑釉色以绿色为主，搭配灰釉、褐釉、蓝釉，浓淡相宜，工艺精美。

明三彩是一种以绿釉为主，黄、白等色为辅的釉陶，其成色机理与唐三彩类似。蓝釉是明三彩的上品，十分罕见。此外，还有白釉、绿釉等釉色，色彩缤纷，具有极高的观赏价值。

🔖 **三彩侍俑**

明（1368 ~ 1644 年）

征集

鄂尔多斯市博物院藏

三彩釉陶。头戴尖顶高帽，身穿绿衣，侍者形象。

◈ 彩绘八宝纹盖罐

明（1368 ~ 1644 年）
鄂尔多斯市准格尔旗征集
鄂尔多斯市博物院藏

白底画花，图案为八宝纹样。

↪ 铁磬

明（1368 ~ 1644 年）

鄂尔多斯市准格尔旗征集

鄂尔多斯市博物院藏

↪ 瓷香炉

明（1368 ~ 1644 年）

鄂尔多斯地区征集

鄂尔多斯市博物院藏

长方形口，双耳外撇，炉身呈弓背形走线，腹部刻有如意团浅浮雕图案，底足为独立四个柱形。香炉是焚香的器具，其主要用途有熏衣、陈设或敬神供佛等。

肩部饰缠枝牡丹纹，腹部饰莲花纹，下部莲瓣
纹，口颈外侧和近底部各饰一道弦纹。造型生动
规整，花纹绘制精美。

➷ 青花缠枝莲纹瓷梅瓶

—

明（1368～1644年）
鄂尔多斯地区征集
鄂尔多斯市博物院藏

唇口残，短直颈，丰肩，肩下弧线内收，浅圈足，
瓶体修长，线条流畅。整器通体青花装饰，肩部
与下腹部各二道弦纹，将花纹划分为三个区域，
肩部饰缠枝牡丹纹，腹部饰莲花纹，下部饰莲瓣
纹，口颈外侧和近底部各饰一道弦纹。造型生动
规整，花纹绘制精美。

洪武年制铜炮

明（1368～1644年）
鄂尔多斯地区征集
鄂尔多斯市博物院藏

青铜铸造，由炮膛、药室和尾座三部分组成。炮膛粗长，药室扁圆隆起，尾座圈足外撇。器身上刻有"洪武年制"铭文。整体形制规整，附带弹丸。洪武十八年即公元1385年。

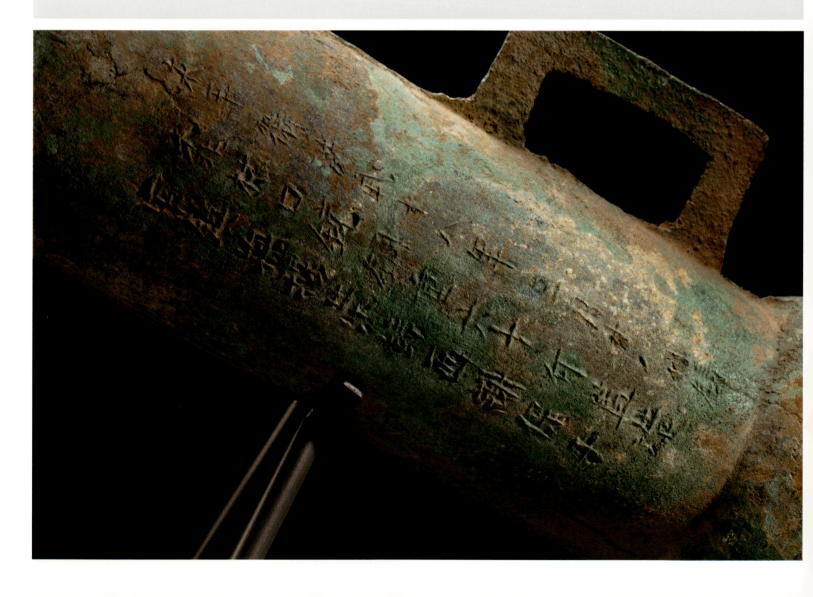

❧ 铜胎掐丝珐琅花卉纹投壶

明（1368 ~ 1644 年）
鄂尔多斯地区征集
鄂尔多斯市博物院藏

直口，细长颈，颈两侧饰贴对称贯耳，圈足外撇。
整器采用掐丝珐琅工艺制作，以蓝釉为地，上饰
各色缠枝花卉纹，繁花朵朵，绿叶绕衬，繁而有
序，色泽艳丽。

投壶是古代君子六艺"礼、乐、射、御、书、数"
中射礼的演变和延续，是我国古人宴饮间的一项
礼仪游戏、休闲娱乐活动，也是对成年男子射箭
技能的考验。《礼记·投壶》载："投壶之礼，主人
奉矢，司射奉中，使人执壶"。

❧ 铺首衔环香炉

明（1368 ~ 1644 年）
征集
鄂尔多斯市博物院藏

钵盂式铜炉。阔圆口，唇口内敛，浑肩，肩两侧铸饰铺首衔环耳，挂素环，圆腹，平底内收，体表呈黑色。造型浑圆饱满，素雅端庄，不乏凝重、含蓄之美。

❧ "状元及第"铜镜

明（1368～1644年）

征集

鄂尔多斯市博物院藏

"状元及第"，科举考试殿试中一甲第一名为状元，古代读书人的最高荣誉，象征功名和高官厚禄，寄寓着美好的理想。

❧ "为善最乐"铜镜

明（1368～1644年）

征集

鄂尔多斯市博物院藏

"为善最乐"，意思是做善事是最快乐的事。常用为劝人多行善事的格言。出自《后汉书·东平宪王苍传》："日者问东平王，处家何等最乐？王言为善最乐。"

● "喜生贵子" 花卉纹铜镜

明（1368 ~ 1644 年）

征集

鄂尔多斯市博物院藏

圆形。圆纽，铸有"喜生贵子"四字铭文，配有四
朵花卉，良言吉语，花开富贵，寄寓着美好的祝
愿，是古代民俗文化的形象记录。

❧ "正其衣冠 尊其瞻视" 铭文铜镜

明（1368 ~ 1644 年）

征集

鄂尔多斯市博物院藏

圆形带柄镜银锭形纽，纽左右各饰一竖行铭文，即"正其衣冠 尊其瞻视"八字。语出《论语·尧曰》："君子正其衣冠，尊其瞻视，俨然人望而畏之，斯不亦威而不猛乎？"意思是说：君子应该衣冠端正，目不斜视，保持一种庄重严肃的仪态，就会让人生出敬畏之心。八字铭文让铜镜承载了更深刻的寓意。

清朝建立后，在中央设立了管理蒙古及其他少数民族事务的理藩院，制定法律以加强管理。在蒙古地区推行"众建以分其势"的"盟旗制度"。每旗设札萨克（执政）一人，由蒙古贵族世袭罔替。此外，清政府还推行了诸如"南不封王北不断亲"、蒙古王公年班朝觐礼制以及"崇释以制其生"等一系列政策措施，有效地建立起清廷对鄂尔多斯地区的统治。

▲ 西鄂尔多斯草原景观

➋ 黄绿釉龙纹瓷碗

清康熙（1662～1722年）
内蒙古博物院调拨
鄂尔多斯市博物院藏

造型敦厚，口部微外卷，碗壁呈弧形，底部为圈足。通体黄釉，釉层匀净。碗腹部主体纹饰为"二龙戏珠"，以云纹衬托，底部饰海水纹。底部施白釉，青花楷书"大清康熙年制"六字款识。

❧ 黄釉双龙戏珠纹瓷罐

———

清康熙（1662～1722年）

内蒙古博物院调拨

鄂尔多斯市博物院藏

———

器形为圆口，球腹，圈足底。通体施黄色底釉，外壁为绿、褐二色构成的纹饰：口沿下饰一圈如意纹，罐身绘二龙戏珠图，龙身周围饰卷云纹。罐底楷书"大清康熙年制"。整体造型庄重、典雅，釉色温润亮丽，装饰精细华美。

绘制花卉图案，浅绿色配淡桃红，色彩雅致柔和，
简洁清新。盘外壁及底施白釉，以褚红色绘竹叶
纹；盘底有"大清乾隆年制"青花款识。

➥ 粉彩花草纹瓷盘

—

清乾隆（1736～1796年）

内蒙古博物院调拨

鄂尔多斯市博物院藏

—

敞口，浅腹，圈足。盘内壁满施浅绿色釉，粉彩

❧ 霁红釉瓷盘

清乾隆（1736～1796 年）

内蒙古博物院调拨

鄂尔多斯市博物院藏

敞口，浅弧腹，圈足。除外底施白釉外通体施红釉，血红凝润，深邃安定、典雅大气。整体器形规整，造型优美，胎骨坚致，极为珍贵。

《历代名瓷图谱》云："祭红，其色艳若朱霞，真万代名瓷之首冠也！"据《清代单色釉特展目录》，古人配制霁红釉，原料包括石子青、玛瑙、珊瑚等宝石，成本极高，且在烧制过程中需要高超的窑温火控技术，才能成就"千窑难出一红"的稀世奇珍。

☙ 霁蓝釉瓷盘

清光绪（1875 ~ 1908 年）
内蒙古博物院调拨
鄂尔多斯市博物院藏

敞口，弧腹，平底。通体施纯净蓝釉，釉面莹润光
亮，色调沉静肃穆，胎体轻薄坚致，造型规整。霁
蓝，又称"积蓝釉、祭蓝釉、霁青釉"，明、清蓝
釉习称"霁蓝"，是一种高温石灰碱釉，与白釉和
红釉并列，被推为宣德颜色釉瓷器的三大"上品"。

❧ 豆青釉八卦纹琮式瓷瓶

清光绪（1875～1908年）
内蒙古博物院调拨
鄂尔多斯市博物院藏

瓷瓶造型仿古代玉器琮的形状，圆口，短径，长
方腹，圈足，口与足大小相若。全器满施青釉，
釉质清透，工艺考究。外壁对称分布凸起的八卦
纹饰，体现了"承天象地，天圆地方"的设计思
想。底有"大清光绪年制"楷书款识。此瓶为宫廷
御用器物。

✦ 开光人物花鸟纹广彩瓷盘

清（1616～1911年）
鄂尔多斯地区征集
鄂尔多斯市博物院藏

敞口，矮圈足。盘内金彩花锦三角形四开光，内绘人物故事图和花鸟纹相间，盘心圆形开光，内绘花鸟纹。

"广彩"是广州织金彩瓷的简称，属釉上彩绘瓷，以"绚彩华丽，金碧辉煌"而闻名于世，自清代康熙年间开始生产，是我国外销陶瓷的主要品类之一。广彩瓷器品类丰富，题材多样，装饰繁缛典雅，风格华丽绚彩，有"万缕金丝织白玉"之赞誉。装饰手法上，既有我国传统彩绘艺术的风格，又吸收了西方绘画技法，体现了中西文化交流互鉴的特点。

直口，粗颈，鼓腹，双耳，圈足。颈腹部通景彩绘
多个婴童嬉戏场景，气息清雅活泼。

❧ 粉彩婴戏纹瓷瓶

—

清（1616～1911 年）

内蒙古博物院调拨

鄂尔多斯市博物院藏

—

直口，粗颈，鼓腹，双耳，圈足。颈腹部通景彩绘
多个婴童嬉戏场景，气息清雅活泼。

➤ 青花麒麟纹瓷瓶

—

清（1616～1911年）

鄂尔多斯地区征集

鄂尔多斯市博物院藏

敞口，粗颈，长腹，圈足。瓶身通体绘青花麒麟纹，龙形写意，祥云婀娜，着色浓淡有致。画工繁缛精美，疏密有序，素净的青与纯洁的白交相辉映，典雅中不失活泼。

❥ 青花山水故事纹葫芦瓶

—

清（1616～1911 年）

鄂尔多斯地区征集

鄂尔多斯市博物院藏

—

葫芦形，上半部小口，鼓腹，束腰，下连球形瓶腹，圈足。胎质细腻洁白，釉质温润莹亮，色泽淡雅。通体勾绘山水树木图案，景物远近高低，错落有致，画面疏密得当，意境唯美。

青花山水故事纹葫芦瓶

● 钧红釉包铜赏瓶

—

清（1616～1911年）
鄂尔多斯地区征集
鄂尔多斯市博物院藏

—

敞口，长颈，溜肩，圆腹，圈足。口沿、双耳、底部包铜，做工考究。整体器形优美，釉色亮丽，敦厚华贵。

钧红釉是我国瓷器釉色品种之一，高温瓷种。钧红按其发色，有"玫瑰紫""海棠红""红霞"等品种，常出现红、兰、紫三色互相交错的绚丽画面。

🌀 掐丝珐琅马镫

清（1616～1911年）

鄂尔多斯地区征集

鄂尔多斯市博物院藏

镫梁中间有长方形革孔，革孔两侧顶端对称雕刻有向
外凸起的铆钉。两边镫梁通体有背，背的凸面素净，
镫板呈圆形，外周绘有团花。铜胎掐丝珐琅彩，色彩
鲜明艳丽。

❧ 银烧蓝熏炉

清（1616～1911 年）
鄂尔多斯地区征集
鄂尔多斯市博物院藏

熏炉由器身和盖两部分组成。上层为圆形盖，盖面
有镂刻花纹，顶有立纽；炉身扁圆，布满镂刻花
纹，底座圈足。

⮩ 景泰蓝开光博古花卉纹大盘

清（1616 ~ 1911 年）

鄂尔多斯地区征集

鄂尔多斯市博物院藏

器形硕大，做工精细，盘底以大开光表现花卉赏瓶
纹样，周围则装饰有各式博古图案。整器造型大
气，制作精湛，纹样图案更是将富贵、祥和的意境
完美呈现出来。

❖ 胡人献宝料器罐

清（1616～1911 年）

征集

鄂尔多斯市博物院藏

由罐盖、器身、底足三部分组成。顶盖为伞形盖，
布满元宝浮雕；器身为鼓腹玻璃器，上沿包铜，
中间通体覆网格条；圈底，下有三个胡人作足，
呈捧、抬器物作供奉的形态。

"胡人献宝"起源于唐代，一直流行至清代，是一
种常见的装饰艺术题材，一般为头饰盘发，高鼻
深目的胡人手持珊瑚、宝瓶、宝珠等站立或跪进
的姿势。胡人献宝象征着国力强盛，天下太平，
也是国与国之间友好交往的见证。

☙ 铜熨斗

清（1616～1911年）
鄂尔多斯地区征集
鄂尔多斯市博物院藏

敞口，斜腹，平底。口沿前半部较平，后半部呈
起伏山字形斜向上；下腹部斜接一中空圆柱形单
把手，把端有一圆形凸棱；腹部饰如意纹，整体
铸造精致美观。

➷ 荷叶座铜熏炉

清（1616～1911 年）
鄂尔多斯地区征集
鄂尔多斯市博物院藏

缠枝顶盖，扁圆腹，缠枝形双耳，象鼻形三足，下
踩荷叶托盘。铜色呈青黄色，整体精巧典雅，厚重
古朴，是不可多得的珍品。

❧ 花瓣形银碗

清（1616～1911年）

鄂尔多斯地区征集

鄂尔多斯市博物院藏

花口，器身呈多条瓜棱形，弧底。设计简洁精巧，
富有装饰感。

一 伊克昭会盟

公元1649年，鄂尔多斯部额璘臣被封为多罗郡王，封地在鄂尔多斯左翼中旗（郡王旗）。其他后裔的封地分别为鄂尔多斯左翼前旗（准格尔旗），鄂尔多斯左翼后旗（达拉特旗），鄂尔多斯右翼前旗（乌审旗），鄂尔多斯右翼后旗（杭锦旗），鄂尔多斯右翼中旗（鄂托克旗）。六旗组成一盟，会盟伊克昭，故名伊克昭盟，额璘臣为第一任盟长。1736年，乾隆皇帝从郡王旗划拨百姓和土地，组成鄂尔多斯右翼前末旗（札萨克旗）。从此，伊克昭盟共有七旗，故会盟又称"七旗会盟"。

▲ 苏布尔嘎会盟（油画）

伊克昭盟盟长印

清（1616 ~ 1911 年）

鄂尔多斯地区征集

鄂尔多斯市博物院藏

❧ 鄂尔多斯左翼中旗札萨克印

清（1616 ～ 1911 年）
鄂尔多斯地区征集
鄂尔多斯市博物院藏

嵌宝石银穗蒙古妇女头戴

清（1616 ~ 1911 年）

鄂尔多斯地区征集

鄂尔多斯市博物院藏

蒙古族头戴由红珊瑚、白银、松石等各种珍贵珠宝连缀而成，繁杂多样且各具特色。不同地区不同部落，头戴各具差异，风情万种。蒙古族妇女头戴承载了千百年来蒙古族手工技艺和精神品质的美好追求，是吉祥、美丽、富有的象征。在那达慕、婚礼等重要场合，蒙古族妇女头戴是必不可少的饰品。

鄂尔多斯准格尔旗头戴

清（1616～1911 年）

鄂尔多斯地区征集

鄂尔多斯市博物院藏

鄂尔多斯蒙古族头戴，是鄂尔多斯蒙古族物质和精
神财富的具体表征，蕴含着蒙古族独特的生活习俗、
审美情趣、文化信仰等。头戴是鄂尔多斯蒙古族女
性不可或缺的重要饰品，也是其民族文化传承的重
要载体。

❧ 鄂尔多斯乌审旗头戴

—

清（1616～1911 年）
鄂尔多斯地区征集
鄂尔多斯市博物院藏

—

鄂尔多斯蒙古族妇女头饰，是鄂尔多斯蒙古族服饰
中最华丽的部分，由红珊瑚、玛瑙、绿松石、白银
等珍贵的宝石，搭配蒙古族精美刺绣图案而成。整
体形制繁复，雍容华贵，具有浓郁的民族风格和地
域特征。

❧ 鄂尔多斯鄂托克旗头戴

清（1616～1911年）

鄂尔多斯地区征集

鄂尔多斯市博物院藏

鄂尔多斯蒙古族妇女头饰由头戴和连垂两大部分
组成，头戴包括额箍、后屏、护耳、额穗、坠饰
等。连垂由黑布包裹的发套和飘带组成，上有银
链、錾花贴片相缀垂于胸前。整体由成排成串的
红珊瑚、玛瑙、绿松石作装饰，造型华美，是中
华优秀传统文化的积淀。

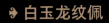

白玉龙纹佩

清（1616～1911年）

鄂尔多斯地区征集

鄂尔多斯市博物院藏

组玉佩，取材白玉，上下四层叠缀组合而
成，排列有序。玉片呈三角形或扇形或叶
片状，镂空雕饰，精雕龙纹，玉质温润，
雕工细致入微，似有玲珑作响，君子之风
随行之意。此组玉佩构思独特，工艺精巧，
素雅高贵。

翡翠簪子

清（1616 ～ 1911 年）
鄂尔多斯地区征集
鄂尔多斯市博物院藏

由簪头与针铤两部分组成。簪头镶嵌绿翡翠，
针铤上部银丝缠绕，简单古朴又不失大方，
充满了浓浓的东方神韵。

一 文化融合的新浪潮

　　自清朝中期以来，随着清初"蒙禁"政策的废弛和清末"放垦"政策的推行，这里逐渐成为多民族的聚居区。其结果，在内蒙古中南部地区逐渐形成了蒙、汉、满等多民族风俗杂糅、不同信仰并存的社会局面。蒙古族传统文化以及鄂尔多斯婚礼、鄂尔多斯歌舞、漫瀚调等非物质文化遗产逐渐成为享誉天下的鄂尔多斯文化名片。此外，山西、陕西等地的农耕文化、商业文化乃至方言语调也日渐风闻于不同乡村牧户，呈现出多种经济文化共存、不同民风民俗同在的地域特点。

▶ 鄂尔多斯婚礼场景

▶ 蒙汉藏文化交融的代表
　　——郡王府遗址

银扣狼皮箱

清（1616 ~ 1911 年）
鄂尔多斯地区征集
鄂尔多斯市博物院藏

方形，平顶，翻毛狼皮包裹，呈土棕褐色。箱体正面对称分布双排如意形银扣，为箱体门面点睛之作。上下翻盖，箱盖下沿中部置竖条形锁扣。

❀ 双狮木鞍

——

清（1616～1911年）

鄂尔多斯地区征集

鄂尔多斯市博物院藏

鞍桥上两狮相拱，圆目大耳，颈系铃铛，憨萌可爱。两端护片，既保护鞍木，也是一种装饰。

讲究的马鞍子，都要做各种装饰，刻制各种花纹图案，镶嵌雕刻各种造型加以美化。在古代，马鞍的优劣，能无声地体现主人的身份和地位，以马为代步工具的传统历史，也孕育了博大的鞍马文化。

➜ 银锭

清（1616 ～ 1911 年）
鄂尔多斯地区征集
鄂尔多斯市博物院藏

白银熔铸而成，为清代法定流通货币，不仅民间交易收藏使用，官府收纳地丁捐税也使用。重量不等，可分为大锭、中锭、小锭，通称银块或银锭，以"两"为主要重量单位。清朝的银两多以马蹄形的元宝出现，故亦称为宝银。

➜ "大盛魁" 秤砣

清（1616 ～ 1911 年）
鄂尔多斯地区征集
鄂尔多斯市博物院藏

整体呈梯形状，顶端有桥形组，正面刻有"大盛魁"三字，实心铸造。

➤ "利市" 铁火镰

清（1616～1911年）
鄂尔多斯地区征集
鄂尔多斯市博物院藏

银包生铁。整体呈长椭形。中间有皮夹袋用于放置
火石、火绒，火镰荷包盖上刻有花纹图案，顶部有
方形吊环。蒙古族男子常常将火镰和蒙古刀佩戴于
腰间，除实用美观外，也是身份地位的一种体现。

➤ 八仙过海纹鼻烟壶

清（1616～1911年）
鄂尔多斯地区征集
鄂尔多斯市博物院藏

此鼻烟壶为红宝石盖帽，彩色浅浮雕，八仙、海浪
纹刻画得栩栩如生。
八仙过海是民间流传比较广泛的神话传说故事，八
仙竞相过海，以示神通，也不乏其乐融融的欢乐气
氛，故而也成为民间喜闻乐见的装饰题材。

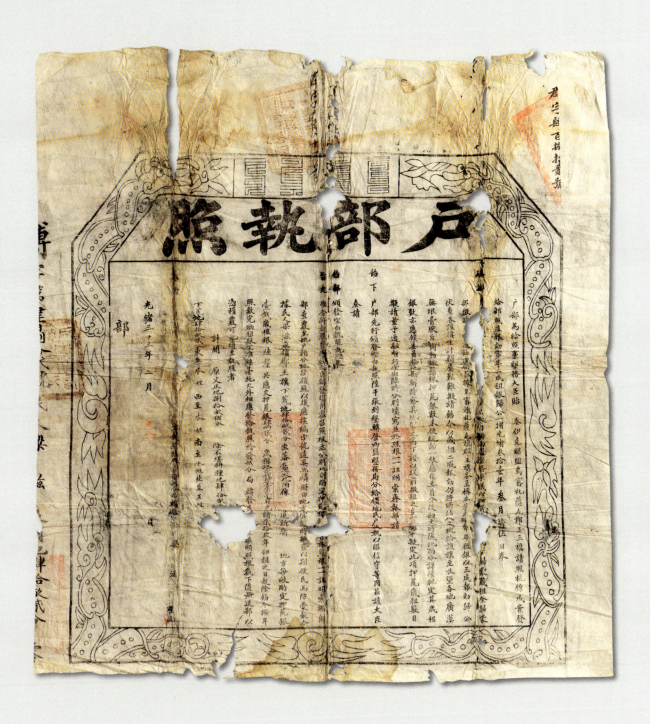

❧ 户部执照

清（1616～1911 年）

鄂尔多斯地区征集

鄂尔多斯市博物院藏

清代户部颁发给向朝廷捐纳钱物换取官爵的士民的凭证。质地为黄色皮棉纸，文字印在双龙纹饰黑线框内，顶部印有"户部执照"四个大字。户部执照对于研究清代捐官制度有重要参考价值。

黄河从草原上流过

鄂尔多斯历史文化

鄂尔多斯市博物院成立于2021年，其前身是1963年成立的伊克昭盟文物工作站，为内蒙古地区成立较早的文物保护机构之一。2012年，新的鄂尔多斯博物馆在草原新城康巴什区拔地而起；5月18日，"农耕 游牧·碰撞 交融——鄂尔多斯通史陈列"对外开放，独特的展陈设计和厚重的文化内涵受到业界和社会的普遍关注。2021年，为适应全国事业单位机构改革发展需要，鄂尔多斯市博物院应运而生，形成了"一院三馆"的文博新格局、新阵地。博物院的成立，为宣传和推动鄂尔多斯历史文化发展发挥了极为重要的作用。

进入新时代，鄂尔多斯市不仅博物馆工作发生了重大变化，文物考古工作也取得了许多新成果。如萨拉乌苏遗址考古新发现和伊金霍洛旗沙日塔拉聚落遗址、准格尔旗城塔朱开沟文化遗址、杭锦旗霍洛柴登铸币及铜钱窖藏遗址、乌审旗瓦则梁大夏国墓地……这些重要的考古新发现极大地丰富了鄂尔多斯地区古代文化内涵。同时，随着全市人民物质生活水平的极大提升，人们对鄂尔多斯历史的认识、理解和文化需求等均大幅度提升，迫切需要更加真实、更加全面地了解鄂尔多斯历史文化。这就从内容提供与外部需求两个方面对鄂尔多斯通史陈列提出了改陈新要求。

鄂尔多斯有着特殊的地理位置和气候环境，自古以来，多民族在这里交往交流交融，多元文化在这里融汇互鉴，因而这里一直是文化交流最活跃、民族交融最深入的核心区域之一。以此为背景，强调多民族融合共生，讲述民族"三交"历史，铸牢中华民族共同体意识，实证了中华民族多元一体格局的形成与发展， 由此便确定了新展览的思想主题。

2022年，鄂尔多斯市委市政府统一部署，博物院通史陈列改陈项目正式立项。为了保证展览进度和展陈质量，鄂尔多斯市文化和旅游局、鄂尔多斯市政府投资项目代建中心、鄂尔多斯市博物院组成工作专班，鄂尔多斯市博物院院长领衔，并邀请内蒙古博物院顶级策展人统筹设计，其目的就是要将改陈后的展览打造成为内蒙古乃至全国地市级博物馆通史陈列的标杆。2022年10月，召开通史陈列改陈提升咨询会，确立展览主题思想，明确展览定位，梳理出鄂尔多斯历史进程中的重要内容，形成通史陈列的内容框架和展览大纲雏形。2023年2月6日，鄂尔多斯市委宣传部召开专题讨论会，确定展览主题，明确展览任务，协调各部门工作。2023年2月24日，在市代建中心召开第一次展览大纲和展览版式设计专家评审，为展览大纲及展览设计确立了基本方向。2023年3月10日，第二次邀请国内博物馆专家对展览设计方案评审，确立展览设计主题、特征的提炼，明确展示手段。2023年6月10日，组织国内著名博物馆的知名专家对展览深化设计进行把关和校正，为展览深化设计进行专门性指导，确认了展览深化设计，为下一步布展落地做了充足准备。2023年8月11日，组织多媒体、艺术品、油画等方面专家团队进行专项评审。2023年8月18日，组织艺术专家专程赴北京进行现场评审，为展览的雕塑、艺术品等进行了精准把握，确定了雕塑、艺术品等辅助性展陈内容。2023年8月28日，组织内蒙古文博专家对展览涉及的油画、多媒体等内容作专家评审，确认了辅助性展品内容；同时，确定了展的深化设计，并最终明确展览名称为"黄河从草原上流过——鄂尔多斯历史文化陈列"。2023年9月6日，通史陈列正式进入展览布展工作，并在9月22日展陈工作初步完成，开始展览优化调整阶段。2023年9月27日，"黄河从草原上流过——鄂尔多斯历史文化陈列"正式向社会开放。

改陈过程中，鄂尔多斯市博物院在文物保护、宣传教育、展览推广、文化创意开发等方面进行了积极探索与大胆创新。在宣传教育、展览推广方面，突出宣传形式创新和传播方式创新，注重文物与人的深度融合，打造"以人为本""让人看得懂""看明白、接地气"的展览。邀请吉林大学优秀宣传策划团队，围绕展览讲解、内容科技化呈现、宣传优化推广等方面，开展了许多创新性设计和创新性实践，率先引入机器人讲解，打造鄂尔多斯独有的IP造型，观众可以根据观展需求和语言模式自主选择，大大拉近了展览与观众的距离，既亲切可人又科技感"爆棚"。在文物保护和文化创意开发方面，紧紧围绕"科学、有效、精准"理念，将展览文物完美呈现出历史神韵与现代美感。文化创意产品极富文化韵味与现代情趣，融合文化内涵和现代需求于一体，深化IP赋能，借助全媒体资源平台，真正实现将文物、文化资源融入现代生活，让观众把文物带回家，在现代生活中延续传统。创新创意感十足的文化产品一经推出便热度不断，追捧不断。

　　"黄河从草原上流过——鄂尔多斯历史文化陈列"升级改陈工作，国家文物局、中国科学院古脊椎动物与古人类研究所、内蒙古自治区文化和旅游厅、内蒙古自治区文物局给予了大力支持。吉林大学、内蒙古大学、内蒙古师范大学、宁夏大学、陕西省文物交流中心、陕西省文物商店、陕西石峁遗址管理处、内蒙古博物院、内蒙古自治区文物考古研究院、鄂尔多斯市文物考古研究院、伊金霍洛旗文物保护和旅游事业发展中心、准格尔旗博物馆、鄂托克旗文物管理所、鄂托克前旗文博研究院、萨拉乌苏考古遗址博物馆等全国多家文博单位提供文物借展和信息支持。在展览设计、论证、实施过程中，来自全国20余位文博专家提出宝贵意见和建议，使展览能够以更准确、更精准、更到位的形式呈现出来。2023年2～9月，展览设计历经数十次讨论和修正，展览工作专班和全院上下付出了辛苦的劳动和汗水。展览前期组织协调、设计、施工及后期工作中，鄂尔多斯市政府投资项目代建中心、北京清尚建筑装饰工程有限公司、天禹文化集团有限公司等单位付诸了辛勤汗水与智慧，做出了大量协调工作，保障了展览如期、高质量举办。在图录书稿的整理编辑过程中，从上展4000多件文物中遴选出400余件精品文物，丰盈图录，以期能够最大化地承载展览信息、呈现展览神韵。展览图录编著过程中，编辑团队也付出了诸多智慧与汗水。在此向展览和图录工作中付出辛苦努力的领导、专家、同仁们致以诚挚谢忱！

　　由于时间限制和能力不足，图录难免错谬之处，诚请社会各界批评指正。

鄂尔多斯市博物院

2024年01月